재난 영화의 주인공처럼

내면 위기의 출구 찾기

배영진 글

BJ BOOKS

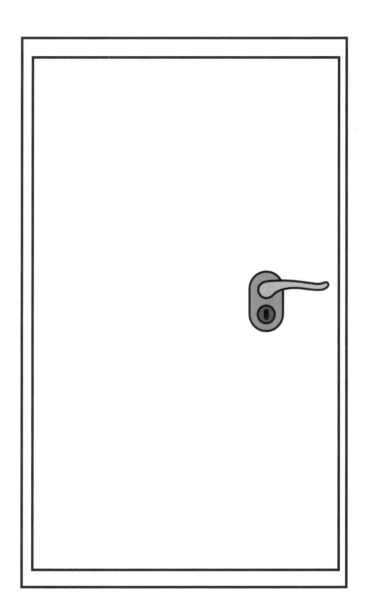

이 책은 깔끔하고 친절하다.

건강한 정신과 건강한 신앙을 연결하는 일은 목회상담 사로서 매우 중요한 작업이다. 이 분야에 꽤 많은 전문 서적들이 있지만, 대부분 일반인들이 접하거나 소화하기가 쉽지 않다. 그런데 이 책은 건강한 내면 회복과 영혼 치유의 관계를 우리 일상의 경험적 언어로 아주 쉽게 풀어내고 있다. 이러한 작업은 발달심리학과 신학, 신앙에 대한 저자의 깊은 이해에 그 기반을 두고 있다.

발달의 초기 단계에서 '충분히 좋아야 할' 환경의 실패로 발달의 지연이나 정지 등 발달이 방해받게 되는 경우, 이후의 삶은 신체적-심리적-사회적-영적 차원에서 어려움을 겨게 된다. 이는 부부, 부모, 자녀 등 중요한 타인들과의 갈등, 하나님과 인격적 관계의 소원함 등으로 드러나게 된다. 이러한 갈등의 역동을 이해하고 어려움에서 놓여나 삶의 통전성(統全性)을 회복하기 위해서, 저자는 자기 성찰과 공감의 중요성을 강조하고 있다. 이는 자신의 취약성을 인식하고 자신의 취약성이 초래한 어려움을 타인에게 귀인하는 피해자 코스프레에서 자유하게 하기 때문이다. 동시에 저자는 '좋은' 소식, 굿 뉴스, 복음, 교회 공동체가 제공하는 '참 좋은' 돌봄과 관심이야 말로 지연, 정지, 방해된 발달을 재개하는 중요한 변인이라고 제언한다.

'참 좋은' 이 책을 읽는 이들이 '참 좋은' 이 책에 폭 안기어 지연, 정지, 방해된 발달 과정을 애도하고 자기의 발달이 재개되어 응집적이고 활기가 넘치며 조화로운 자기로 거듭나, 나와 이웃과 자연과 하나님과의 본래적 관계가 회복되기 바란다.

－ 강혜정 웨스트민스터 신학대학원 상담심리학 교수

이 책은 참 재미있고 유익하다. 쉽게 읽어지면서도 깊은 지혜로 인도받는다. 아주 실제적이고 지혜로운 조언들을 담고 있다.

우리 인간이 망가진 세상에 불완전한 존재로 태어나 살아가면서 만나는 수많은 문제들에 대해 충분히 인생을 경험해 보고, 인생의 여러 단계에서 직면하는 다양한 문제들을 가지고 기도하면서 씨름해 보고, 대안을 내놓았다. 인생의 여러 문제들에 대하여 답을 찾아, 많은 사람들을 상담하면서 영적 지도를 해본 목회자만이 쓸 수 있는 책이다. 이 얇은 책에 실제적인 지혜들이 너무나도 풍성하게 담겨져 있다는 사실에 놀랍다. 신앙 성숙, 아름다운 인격 형성, 행복한 결혼 생활과 인간관계, 참된 자아 실현을 위해 꼭 이 책을 읽어 보면 좋겠다. 기대보다 훨씬 큰 유익을 얻게 되리라 확신한다. "집어서 읽으라."

– 홍인규 백석대학교 신학대학원 신약전공 은퇴 교수

배영진 목사님의 책, <재난 영화의 주인공처럼>은 일상에서 만나는 모든 종류의 관계와 자아의 문제를 편안하게 풀어내고 있다. 오늘날 대한민국의 사회에는 가해자는 하나도 없고 모두가 피해만을 호소하는 사람들뿐인 것 같다. 제대로 내면을 치료받지 못한 피해자가 가해자로 돌변하는 악순환의 무한 루프에 갇혀 있는데 이 악의 고리를 끊어내는 길이 있다. 조건 없이 주어지는 십자가의 복음이다. 상처가 많은 나를 조건 없이 받아주시고 인격적으로 대해주시는 궁극적 '당신'을 만날 때 비로소 뒤섞인 문제 해결의 실마리가 보인다.

　이 책은 모두 32개의 꼭지로 구성되어 있어서, 부부가 같이 앉아 매일 한 꼭지씩 읽으면서 관계를 돌아보면 참 좋을 것이다. 혹은 교회 공동체에서 함께 읽어 나가도 좋을 듯싶다. 천천히 읽다 보면 어느새 마음이 따뜻해져 옴을 느끼게 될 것이다.

　　　　　　　　　　　　– 장동민 백석신학대학원 역사신학 조직신학 교수

이 책은 인간의 내면을 성찰하는 길과 신앙적 치유와 성숙의 길을 동시에 모색하고 있다. 무엇보다 인간에 대한 성찰, 곧 자신과 타인에 대한 성찰이 탁월하다. '열 길 물속은 알아도 한 길 사람 속은 모른다'는 말처럼 인간의 속마음을 이해하는 일이 결코 쉬운 일은 아니다. 인간의 내면을 몇 가지 심리적 법칙으로 정돈한다는 것은 사실상 불가능에 가깝다고 본다. 하지만 저자는 인간 내면의 깊이와 신비를 이해하려는 열정으로 인생의 길에 대한 가이드를 제시한다. 인간 이해에 대한 입문이 없이는 내면의 심원함과 신비함에 다가설 수 없다.

이 책은 얼핏 보면 몇 가지 유형으로 해답을 제시하려는 것처럼 보이지만 더 차분한 마음으로 찬찬히 정독하다 보면 길이 막혀버린 인생에 대한 출구를 알려주는 안내서임을 알게 된다. 사람을 사랑하고 답답한 인생에 길을 열어주려는 배영진 목사님의 열정으로 낳은 귀한 옥동자라고 여겨진다. 고단한 인생 여정에 지친 나그네들에게 귀한 길잡이가 될 것이다.

– 강경민 일산은혜교회 은퇴 목사

간결하고 선명하면서 따뜻한 복음적 가이드가 돋보이는 책이다.

복음은 우리를 영적으로 구원할 뿐 아니라 내면적으로 강건하게 한다. 정확히 말해서 이 둘은 분리될 수 없다. 복음의 능력은 진정한 내면의 돌봄과 치유를 수반한다.

오늘날 사람들은 점점 더 파편화되어 부유하고 있다. 특히 코로나 이후 내면의 취약함과 외로움은 더욱 심화되고 있다. 이 책의 저자는 '관계'와 '자아의 공허함'이라는 누구나 당면할 수 있는 내면의 위기 앞에 복음의 치유와 회복력을 제시하고 있다. 그의 목회적 연륜과 복음에 대한 확신, 그리고 상담가로서의 전문 역량이 합력하여 마음의 재난을 헤쳐 나가도록 도울 것이다.

– 김선일 웨스트민스터 신학대학원 실천신학 교수

이 책은 인생 60을 넘어 깨달은 목회자의 삶에 대한 성찰이 아주 잘 드러나 있다. 특별히 '휴머니티 유지하기'라는 통찰은 매우 중요하다. 많은 그리스도인들이 거듭난 인격이 하나님의 형상을 더욱 풍부하게 회복할 때에 진정한 삶의 통찰을 갖게 되기 때문이다. 배 목사님의 이 책은 자칫 신앙 논리만 강조하기 쉬운 목회자들의 통상적인 통찰을 훌쩍 넘어서 있다.

– 이문식 광교산울교회 목사

배영진 목사님은 내 신앙의 선배님이시다. 오랫동안 마음이 연약한 사람들과 정신적으로 고통받는 사람들을 위하여 라는 말씀을 몸소 실천하며 섬기셨다. 자신의 연약함을 스스로 고백하며 상처받은 많은 사람들의 마음을 위로하며 연약한 상황 가운데 있는 분들을 상담하고 함께해 오셨다.

우리의 신분을 막론하고 누구에게나 연약함이 있고 그 결과로 관계의 어려움을 비롯하여 모든 삶에서 어려움을 경험하게 된다. 이 책은 이러한 연약함을 승화시키고 존재의 소중함과 자기 성찰을 통해 우리를 사랑하시는 하나님이 인도하시는 새로운 출구로 이끌 것이다.

오랫동안 일본 선교사로 사역하면서 일본인들을 바라볼 때 이들은 자신의 연약함을 드러내는 것은 다른 사람들에게 폐를 끼치는 것이라고 생각하기에 자주 자책감에 빠지고 영적인 절망의 상태에서 삶의 목적에 대한 출구를 찾지 못하고 방황하는 사람들을 많이 보아왔다. 이 귀한 책을 통하여 자신의 존재 회복과 삶의 숨통이 트여 이제까지 경험하지 못한 새로운 삶을 경험하며 살아갈 수 있기를 간절한 마음으로 기도한다.

— 이환기 미야자키 메구미성서교회 일본 선교사

첫 인사

신학과 목회를 오래 한 저는 사실 오래 전부터 인간심리에 관심이 더 많았습니다. 어린 시절 엄마가 하늘나라로 떠나신 후로 인생이 힘들고 버겁다는 생각이 많았습니다. 이로 인해 열등감과 우울감이 내 마음을 휩쓸었습니다. 주변 사람들을 보면서 "왜 저들은 저런 생각을 하지?" 이해할 수 없는 마음으로 복잡했고, 그로 인해 사춘기 청소년 시절은 외롭고 우울한 시절이었습니다.

대학 시절 구내 서점에서 스위스의 정신의학자인 폴 투르니에의 책을 집어 들고 읽기 시작했습니다. 사람의 마음속은 어떻게 되어있을까? 난 인생을 어떻게 살아가야 할까? 이렇게 20대 청년기를 보냈습니다.

30대 초반에 목사가 된 이후에도 인생살이와 사람의 마음 길에 대하여 관심이 많았습니다. 신학교에서 만난 아내와 사랑하고 결혼하여 소꿉놀이 같은 달콤한 결혼 생활을 보내면서도 둘이서 왜 그런지 부부 싸움도 많았고 쓸쓸한 외로움도 맛본 것 같습니다.

그러다가 40대를 넘어 50대를 지나는 중 본격적으로 상담심리를 전공하며 '마음 길'을 연구했습니다. 그동안 살면서 몸부림치며 알고 싶었던 사람의 마음 길과 영혼의 여정에 출구가 보였습니다. 그것은 내면을 다듬고 강하게 키우는 것이었습니다. 마치 재난 영화에 나오는 주인공처럼, "바로 이곳이 출구예요, 이쪽으로 가면 우리가 모두 살길이 나올 거예요."

이렇게 외치고 싶은 메시지들이 떠올랐습니다. 그래서 저 혼자서 일지 같은 글을 단상처럼 써 내려갔습니다.

그렇게 글들이 쌓였을 때 즈음, 제가 멤버 케어로 섬기고 있는 일본 선교단체 블레싱재팬의 출판사인 BJ

BOOKS에서 한국인 성도와 일본인 성도를 위한 내면 치유와 성숙에 관한 책을 출판해 보자는 연락이 왔습니다. 그때 그동안 인생 출구 찾기 전략을 위하여 단상처럼 써놓은 글들을 정리해서 내놓으면 다같이 사는 길이 보이겠다는 생각이 들어, 이렇게 여러분을 만나게 되었습니다.

우리는 대부분 어린 시절 각자의 '상처의 스토리'를 가지고 자라납니다. 하나님은 모든 상처의 스토리에 찾아와 주시지만, 어떤 이들의 마음은 굳게 닫혀 하나님을 만나기까지 오랜 세월을 필요로 하기도 합니다. 그리고 그렇게 깊은 바다 같은 인생을 살다 어느 날 자신이 마음을 여는 결정적인 순간에 그분을 만납니다. 이런 시간을 지나온 사람은 상처의 스토리에 무언가 새롭게 의미 있는 일들이 발생한다는 것을 알게 됩니다. 이른바 '회복의 스토리'입니다.

하나님은 악을 선으로 바꾸시는 분이십니다. 우리의 신음과 상처를 싸매주시고 만져주시고 우리 삶에 의미와 희망을 부어주시는 분이십니다.

그래서, 재난 영화의 주인공처럼 외쳐보고 싶습니다.
"여기, 출구가 있어요! 여기요!"

인생은 재난이고 재난은 상실입니다. 우리 삶이 막다른 골목 커다란 벽 앞에 있는 것처럼 재난의 한가운데 있다 해도, 그 벽에 문을 만들어 열어주시는 하나님을 만날 수 있습니다. 그 인생에 출구가 보이기 시작합니다. 우리 인생 가운데에는 상처의 스토리 하나만 있는 사람이 있고 상처의 스토리와 회복의 스토리, 이 두 개가 있는 사람이 있습니다.

이 책을 통해 '인생에는 반드시 출구가 있다'라고 여러분에게 알려주고 싶었습니다. **그 출구를 만나서 자신도 살고 다른 사람도 살리는 인생, 이것이 재난 영화의 주인공처럼 사는 인생입니다.** 이 책이 당신의 마음 길을 찾아가는 여정에 외롭지 않게 친구가 되었으면 좋겠습니다.

2023년 9월 배영진 드림

◈ 이 책을 더 풍성하게 활용하는 방법 ◈

재난 영화의 주인공처럼, 자신의 마음을 들여다보는 여정을 떠나는 여러분을 환영합니다. 이 책은 총 4개의 챕터로 구성되어 있습니다. 또 각 챕터를 마치고 자기 마음을 써 내려 갈 수 있는 질문들도 기다리고 있답니다.

상담자와 대화를 나누듯 편안한 마음으로 읽다가 자신의 마음에 가닿은 문장을 만나면 좋아하는 메모장에 적어보면 좋겠습니다. 저자와 자신의 마음이 연결되는 순간이 담긴 문장 그리고 질문의 대답으로 자신의 마음을 꺼내어 적은 것들이 모여, 당신의 마음 길을 한 발자국씩 비춰줄 것입니다.

저자는 이 책에서 인생을 '긴 여정'으로 표현하였고, 긴 호흡의 인생의 과정에서 자신의 마음을 돌보는 것을 '마음 길을 걷는다'라고 표현했습니다. 당신만의 인생의 결론을 찾는 여정 가운데, 재난 영화의 주인공 같은 우리의 인생을 서로 응원하며 이 책을 읽는 당신의 마음 길에 따뜻한 불빛으로 함께하길 소망합니다.

1. 자신의 마음에 충분히 집중할 수 있는 공간을
   찾아서 애용하는 필기도구 등을 준비하세요.

2. 본문을 읽고 자신의 마음에 솔직하게 직면하기.
   마음에 와닿은 문장에 밑줄 긋기 혹은
   포스트잇을 붙여 메모해 보세요.

3. 질문에 대한 자신의 마음을 적어 보세요.
   (이 책을 당신의 것으로 만드세요. ^^)

4. 1-3번까지 잘 오셨습니다.
   이제 당신의 마음 길을 잘 가꿔 나가보세요.
   시간이 지난 후에 이 책을 다시 손에 들고, 자신의
   마음이 어떻게 변화되어가고 있는지를 들여다보세요.
   당신의 삶의 여정을 여기까지 이끄신 하나님께
   감사와 기대의 마음으로 기도해 본다면,
   어느새 하나님의 손길을 느끼실 것입니다.

───────── ◇ **공동체를 위한 가이드** ◇ ─────────

▫ 기간: 한 달 (주 1회)
▫ 권장 인원수: 3~6명 정도의 소그룹

▫ 방식: 4개의 챕터를 일주일마다 하나씩, 총 4주에 걸쳐 진행.
　　　일주일 동안 자신의 마음을 들여다보고 든 생각을 공동체와
　　　나누어 보세요.
　　　(동성이라면) 서로 손을 잡고 기도로 마무리하면 좋겠습니다.
　　* 단, 나눔으로 인한 염려 혹은 불안한 마음이 있는 내용은 나누지
　　　않는 것을 권해 드립니다. 혹은 무거운 마음으로 직면하기 어려운
　　　것이 있다면 전문 상담사를 찾아가는 것을 권유해 드립니다.

▫ 기간: 한 달

▫ 방식: 매일 밤마다 한 이야기씩, 또는 4개의 챕터를 일주일마다
　　　한 개씩.

▫ 격려: 이 책과 함께 관계를 돌아보는 시간을 가져보세요.
　　　서로를 인정해 주고, 지지해 주고 서로에게 좋은 환대자가
　　　되도록 연습하는 시간이 될 것입니다. 함께 부부로 만나게 된
　　　놀라운 은혜를 감사하며 서로에게 좋은 배우자가 되기를
　　　하나님께 기도하며 마무리해 보세요.

◇◇◇◇◇◇◇◇◇

차례

CHAPTER 1

♡ 자기 돌봄

○

○

○

자기 마음 들여다보기

많은 이들이 자신에 대해 잘 아는 것 같이 보여도 의외로 잘 알지 못하는 것 중 하나가 **자기 마음을 들여다보는 일**이다. 많은 경우, 자기 마음이 어떻게 작동되는지 생각해 보지 않는다. 이것은 유치원이나 초등학교 또는 중, 고등학교를 열심히 다녀도 별로 언급되지도 않고 배울 수 있는 것도 아니다. 그렇다고 자기 마음 들여다보기를 알려주는 학원이 어디 따로 있는 것도 아니다 보니, 자신의 마음을 들여다보는 일은 상당히 소홀히 여겨 왔다고 해도 과언이 아닐 것이다.

요즘 한국에서 MBTI에 열광하고 있는 이유를 생각해 보면 아마도 대인 관계를 잘하기 위한 방법으로 사용되었을 것이다. 자기 자신이 누구인지 잘 알 기회가 별로 없을 뿐더러 방법을 잘 모르다 보니, 인터넷에 간단하게 진단할 수 있는 형태로 나와 있는 것을 간편하게 활용하고 있는 것 같다. 한때는 혈액형으로 다양한 사람들을 이해하려 했던 시절도 있었다.

어린 시절에 속상하고 억울한 감정을 느끼지 않고 어른으로 성장하는 사람은 아무도 없다. 그러다 보니 자기 내면에 해결되지 않은 문제가 남아 있는 채로 어른이 된다. 그런데 앞서 언급한 것처럼 사람들은 자기 내면을 들여다보는 일을 거의 하지 않다 보니 자기가 어떤 문제에 억울함을 느끼는지, 어떤 문제에 과민하게 반응하는지 그 이유를 자기도 잘 모르는 채로 어른이 된다.

이러한 내면의 문제는 공동체 생활 속에서 갈등으로 드러나기 시작한다. 싱글 때 기숙사 룸메이트와 같이 살거나 또 서로 열정적으로 사랑해서 결혼한 사람과 함께 살면서 자기 마음에 있는 해결되지 않은 내면의 문제들이 불쑥불쑥 튀어나오기 시작한다. 룸메이트나 배우자는 정말 의아하고 놀라지 않을 수 없다. 왜 저렇게 과민하게 반응하는지 이해하기 어렵기 때문이다.

이 때 문제는 갈등의 원인이 자기 자신에게 있지만 정작 그 자신이 왜 그러는지 대답할 수가 없다는 것이다.

자기 마음을 들여다보는 일을 전문적으로 하는 곳이 심리상담센터이다. 물론 신경정신과도 있지만 왠지 정신과까지 가는 것보다는 심리상담센터가 조금은 덜 부담스럽게 문을 두드릴 수 있는 것 같다. 그래서 그런지 요즘 심리상담센터들이 다양한 모습으로 세워져 있는데 이것은 참 다행스러운 현상이다. 이 곳에서 사람들은 심리적 돌봄을 받고 상담을 진행하면서 자기 마음을 상담자와 같이 들여다보기 시작한다. 자기 마음을 들여다보는 일은 혼자 하기 참 힘든 일이다. 자기 마음을 깨닫는 것조차 어려운데 혼자서 마음의 상처를 해결하는 것은 더욱더 어려운 일이다.

자기 마음을 들여다보는 일을 소홀히 하면 자기 속에 해결되지 않은 내면의 상처로 인해 가까운 이들이 피해를 입게 된다. 자기 내면에 피해 의식을 가지고 살면 상대에게 어떤 방식으로든 가해를 하는 일을 피할 수 없다. 가장 큰 문제는 자기 자신이 누구에게 어느 정도로 피해를 입히는지를 거의 알지 못한다는 데 있다.

사실 심리 상담을 받지 않아도 괜찮은 사람은 아무도 없다. 왜냐하면 누구나 내면에 상처를 가지고 있으며, 또 자기 마음을 스스로 들여다보고 혼자 상처를 치유해 나가는 일이 매우 어렵기 때문이다. 심리 상담은 이런 상황에 효과적인 도움을 줄 수 있다. 누군가의 도움을 받아 자기 마음 들여다보기를 시작한다면 새로운 길들이 열릴 것이다. 마음을 살피는 여정에 첫발을 내디뎌 보는 것은 심리 상담이란 작업을 통해 뒤죽박죽인 서랍장을 정리하는 것이라 말할 수 있다.

○

○

○

진정한 강인함 찾기

　매사에 자기 입장과 의사를 명확히 밝히고 사는 사람이 얼마나 될까? 이것이 얼핏 보면 당연한 것 같지만 사실상 간단한 것이 아니다. 왜 어떤 이들은 그렇게 늘 우물쭈물하는가? 왜 당당하지 못하고 눈치 보며 사는가? 주변에서 이렇게 물어보며 이런 사람들을 답답해하는 경우가 많다.

　하지만 이렇게 사는 이들에게도 그럴 만한 이유가 있지 않겠는가? 그 이유는 두 가지로 보인다. 먼저는 그 내면이 강인하지 않고 허약한 상태에 있는 것이고, 또 하나는 그 인생에 뭔가 떳떳하지 못한 것이 있는데 이것을 오픈할 수 없는 경우다. 이렇게 되면 사람은 무슨 일이든 자기 입장과 처신을 분명히 밝히는 것이 어려워진다. 그 사람의 내면이 눌려 있거나 아니면 내면이 구부러져 있기 때문이다.

내면의 상태는 결국 생각으로 이어지고 생각이 자기 입장으로 나오게 된다. 사람들은 자기 내면의 상태에 그다지 관심을 두지 않고 방치해 두는 경우가 대다수다. 하지만 내면이 억눌려 있거나 구부러져 있으면 그 모습은 다 밖으로 드러나게 되어 있다.

그래서 내면을 강인하게 가꾸어 활짝 펴는 일이 무척이나 중요한 이유다. 두부같이 잘 찌그러지는 내면을 바위같이 단단하게 만드는 일이 필요하다. 철사같이 구부러져 있는 내면을 철봉같이 튼튼하게 펴는 일이 필요하다. 그렇게 단단하고 튼튼하게 내면을 다듬으려면 자기 내면을 들여다보는 일부터 시작해야 한다.

자신의 의사를 명확하게 표현하지 못할 만큼 어린 시절에 누군가의 억압이 있었는가를 들여다봐야 하고, 자신의 입장과 생각을 꺼내 놓으면 무슨 일이 일어날지 불안해지는 상황은 없는지, 부모나 어른들의 일관되지 않은 반응이 어린 시절에 있었는가를 살펴봐야 한다.

누가 자신의 생각을 어느 정도 억압하여 자신의 내면이 눌려졌는지 그 실체를 알아야 한다. 누가 자신의 의견을 말할 때 불안하게 만들었는지 그 가해 상황을 알아야 한다. 내면이 눌리고 구부러져 있는데 자기 의사를 명확히 말하는 것은 어렵다. 그 억눌린 상태를 펴는 일, 구부러진 상태를 곧게 하는 일을 하지 않고서는 자신의 의사를 확고하게 말하기는 어렵다. 그래서 지금부터라도 자기 내면을 들여다보는 일부터 해야 그 다음에 내면을 강인하게 만드는 작업이 가능해지는 것이다.

♡

○

○

○

내면 단단히 키우기

내면을 단단히 키우기 위해서는 두 가지 중요한 분별
이 필요하다.

첫 번째로, 어쩌다가 이렇게 되었지? 하며 자기 마음
속 분별하기다. 인간관계, 특히 두 사람 사이에서 자신
의 콤플렉스를 확인하는 방법이 있는데, 그것은 "그가
나를 아프게 하려고 한 것인가?" 아니면 "내가 원래 그
쪽이 아픈 것인가?"를 확인하는 것이다.

예를 들어 생각해 보자. 누가 내 발을 밟고 지나갔을
때 아프면 으악! 하고 소리 지른다. 그리고는 저 사람이
내 발을 밟아 아프게 하려는 의도가 있나? 아니면, 어
쩌다가 그랬는가? 의도를 가진 것인가? 그냥 실수로 밟
은 것인가? 하고 아프지만 생각해 보는 것이 매우 중요

하다. 우리는 보통 자신의 발이 밟혀서 아프면 상대의 의도인가 실수인가 따질 겨를이 없이 "당신 왜 내 발을 밟았냐"며 덮어놓고 싸울 때가 많다. 물론 아프니까 처음에는 으악 하고 소리 지를 수도 있다. 하지만 그 다음이 중요하다. 정말 상대가 마음먹고 자기를 밟으려고 했다면 확실하게 따지는 것이 당연하지만 그가 어쩌다가 실수로 자신의 발을 밟은 거라면 사실 그렇게 심하게 따지고 화낼 일은 아니다.

부부 싸움도 이런 경우가 정말 많다. 원래 아프지 않은 발은 누가 밟아도 그렇게 심하게 아프진 않다. 그런데 자신의 발이 상처가 있는 아픈 발이라면 누가 스쳐 지나가면서 살짝 밟았을 때도 정말 많이 아픈 것이다. 그래서 **그가 자신의 발을 실수로 밟았는가? 아니면 의도를 갖고 밟았는가? 이것을 분별하는 것이 매우 중요하다.** 발을 밟힌 처음에는 아프니까 그런 생각을 하기도 어렵지만, 자신 속의 그 부분에 콤플렉스가 있는 경우 누가 살짝만 건드려도 아픈 법이다.

두 번째로, 어쩔 수 없이 해줬을 때! 분별하기다. 이것은 자신의 삶의 경계 문제다. 자신이 상대에게 무언가 해 주었는데, 자신 속에서 찜찜하고 화가 나는 상황이 생긴다면 왜 화나는지 생각해 봐야 한다. 자신이 기꺼이 해줬는지 아니면 어쩔 수 없이 해줬는지를 생각해 봐야 한다. 자신이 그에게 기꺼이 해준 거라면 그건 자신에게 그 상대를 도와줄 자발적인 의도가 있었던 것이 맞다. 그러나 자신이 어쩔 수 없이 해줬다면 그건 자신의 의지가 아닌 것이다. 상황이 그렇게 되었거나 떠밀려서 그랬거나 강요를 받았거나 알 수 없는 무엇인가 강제적인 분위기 때문에 해준 것이다. 자발적으로 기꺼이 해줬을 경우에는 참을 만하고 그리 화나지 않는다. 그러나 비자발적으로 어쩔 수 없이 해줬을 때에는 많이 힘들고 화가 쌓이게 된다.

왜 나는 저 사람에게 다 해주고 이렇게 속이 찜찜한가? 그렇다. 이것이 경계 문제다. 누군가 자신의 방에 들어오려고 할 때 자신이 자발적으로 문을 열고 OK를 한 후 들어오게 해야 한다. 그런데 아무나 아무 때고 자신의 방에 들어오려고 하는데 NO를 못하게 되면 자신 속에서 불편하고 찜찜한 감정이 올라오게 된다.

가능하면 무언가를 해줄 때는 기꺼이 할 수 있는 것을 해줘야 한다. 아니면 정중하고 단호하게 거절하는 연습을 해야 한다. 겉으로 다 해주고 속으로 화가 쌓인다면 이율배반적인 삶을 살 수밖에 없다. 그래서 인간관계에서 불분명했던 경계선을 각자 자신에 맞게 조절한다면, 타인에 의해 이끌려 갔던 삶에서 벗어나 자발적이면서 균형 있는 삶을 살아갈 수 있게 될 것이다.

♡

○

○

○

어린아이의 전능감 관찰

어릴 때 아이는 자신이 원하는 것은 뭐든지 다 할 수 있다고 믿는다. 갓난아이는 전능감이라는 엉뚱한 환상을 가지고 살아가는데, 이 전능감은 사실 아이가 울기만 하면 엄마가 즉각적으로 아이의 요구를 채워주기 때문에 한동안 유효한 것처럼 느낀다. 그러나 시간이 조금 지나면 아이는 현실과 부딪히게 되면서 이상함을 느끼게 된다. 자신이 원하는 대로 다 되지 않는 것이다. 아이가 울기만 하면 모든 것이 이루어지던 것들이 엄마가 바쁘거나 혹은 엄마가 우울하거나 여러 상황으로 인하여 전처럼 되지 않을 때다. 아이는 "지금 왜 이러는 거지" 하고 모든 환경이 예전처럼 원하는 대로 되지 않아 당황한다. 이때 아이는 욕구가 충족되지 않는 경험으로 인하여 다양한 종류의 좌절감을 겪게 된다.

그렇게 시간이 흘러 나이를 먹을수록 아이의 전능감은 효능을 잃게 되고 원하는 대로 이루어지지 않았을 때 비로소 자기가 원하는 대로 세상이 돌아가는 것이 아니라는 것을 깨닫게 된다. 그래서 아이는 차츰 전능감의 좌절의 경험 속에서 자신의 현실에 적응하는 태도를 가지게 된다. 대부분의 경우 어린아이 시절에 무엇이든 가능하다고 믿는 '전능감'이라는 환상이 좌절되면서, 현실감을 지닌 독립적인 인격이 자연스레 만들어진다.

하지만 이런 과도한 전능감이 좌절의 과정을 거쳐 적응의 상태로 진입하지 못하는 경우가 간혹 있다. 그러면 아이는 억압의 내면 상태가 되어 마음이 울적해지고 답답하며 내면에 분노가 쌓이게 된다. 그 결과로 아이의 내면에 어떤 강력한 신념이 생기는데, 이것을 '내적 신념' 또는 '내적 맹세'라고 한다. 내적 신념은 강력하여 그 아이가 장성한 이후에도 자신이 원하는 것이 계속해서 거부되고 가로막히는 상황이 되었을 때, 그는 그 순간 분노가 터져 나오면서 도저히 이것을 용납할 수 없다는 격한 감정이 올라오는 것이다. 이런 시스템은 그 내면에 격정적인 핵심 감정으로 자리 잡게 된다.

이것이 이른바 성경이 가리키는 '옛 사람의 습관'으로 자리 잡는다. 여기서 '옛 사람'이란, **복음의 내면화**가 이루어지지 않아 성경적으로 행위하지 않는 '성화 이전의 삶을 사는 사람'으로, 그는 이 내적 신념을 거의 인지하지 못한 채로 살아간다. 사람은 대부분 자기가 인지하는 신념보다 인지하지 못하는 무의식적 내적 신념에 의해 살아간다. 이것은 소위 '핵심 감정'과 '보상 체계'로 표출되는데, 핵심 감정은 격한 형태로 드러나고 보상 체계는 과하게 나타난다. 핵심 감정의 형성과 보상 심리의 작동 과정은 다음과 같다.

첫 번째로, 그의 내면에 격정적인 핵심 감정이 형성된다. 어린 시절의 전능감이 억압된 경험과 유사한 상황이 벌어질 때 그는 격한 감정에 빠진다. 즉각적이고 자동적으로 격한 감정에 즉시 빠져드는 것이다. 그래서 성인이 된 이후에 자신의 핵심 감정이 건드려져서 터져 나오는 감정을 심리학에서는 이른바 '자기애적 격노'라고 한다. 그는 어른이 된 이후에도 어떤 특정 조건이 주어지게 되면 곧바로 이 자기애적 격노에 들어간다. 내가 원하는 것이 거부되고 가로막히는 상황이 되면 어린 시절에 형성되었던 내적 신념에 따라 '난 이것을 용납할 수 없어!' 하며 격정적 분노를 일으키는 것이다. 이것이 대부분 가까운 이웃과의 갈등과 분쟁의 요소가 된다. 사실상 결혼한 부부가 일으키는 갈등의 대부분은 양쪽 당사자의 내적 신념의 표출과 핵심 감정의 발현으로 벌어진다고 해도 과언이 아니다.

두 번째로, 그의 내면에 과도한 보상 심리가 작동된다. 어린 시절에 내가 원하는 대로 되지 않아서 결핍이 심한 경우, 그는 어른이 된 이후에 다른 것으로 보상 받고 말겠다는 생각이 강력해진다. 즉, 그 내면에 어린 시절의 결핍에 대한 보상 시스템이 만들어진 것이다. 그래서 성인이 된 그는 가까운 사람들이 이해할 수 없을 정도로 무엇인가에 과민해진다. 자신의 에너지를 무엇인가에 지나치게 사용하고 그것을 반드시 성취하고 이루어 내려는 집착을 보이게 되고 이것이 그의 일상에서 과하게 하나의 증상으로 나타나게 되어도 대개의 경우 이 과도함을 본인이 인지하기 어렵다. 이것은 허기진 사람이 맛있게 차려진 밥상을 보고 참을 수 없는 것과 같다. 그리고 자신이 배가 너무나도 고프기 때문에 자신이 과하게 허겁지겁 먹고 있다고 느끼지도 못한다. 대개 당사자는 이것이 과하다고 인정하지 못하고 너무나 정당한 활동이라고 생각되는 것이다.

일반적으로 우리 인생에 가장 과도한 보상 체계로 나타나는 것이 중독 증상이다. 중독 중에서 누가 봐도 합리적인 명분으로 치장이 가능한 중독은 일중독, 성공 중독, 성취 중독 등이다. 학생의 경우 지나치게 공부에 열중하는 것도 하나의 중독 증상이 될 수 있고, "성공해야 한다"는 보상 체계가 작동한 결과일 수 있다. 이것이 종교적으로 나타날 때는 과도한 교회 사역에의 헌신으로 나온다. 이보다 더 부정적인 중독 현상으로는 쇼핑 중독이나 게임 중독, 알코올중독, 니코틴중독 등이 있다. 더 나아가 국가가 범죄로 다스리는 마약중독 등이 있다.

그래서 상담 치료를 할 때, 상담자는 내담자와의 대화 속에서 **그의 어린 시절에 형성된 내적 신념이 무엇이었을까**를 찾아간다. 무엇이 억압되고 어떻게 결핍이 이루어졌는가를 본다. 그 결과 현재 그가 과도하게 격정적인 감정에 사로잡힐 때가 주로 언제인지를 파악할 수 있게 된다. 그의 보상 체계가 어떤 것인지를 보고, 그가 비교적 지나치게 집착하고 있는 것이 무엇인지 또한 파악한다. 사람마다 격한 감정을 해결하지 않고 오래 놔두면 우울증이나 강박증 또는 불안 장애가 찾아오기도 하는데, 내담자가 상담 과정을 통하여 자신의 핵심 감정과 보상 체계를 인지하고 인정하게 되었을 때 **그의 내면은 건강한 내면 치유와 회복의 초입 단계로 진입했다고 봐도 될 것이다.**

우선 우리는 **자기 성찰**이 필요하다. 내가 어떤 경우에 격한 감정을 드러내는지, 내가 어떤 것에 과도한 에너지를 몰입하는지, 자신을 들여다보는 일이 중요한다.
이 일에 가장 효과적인 방법으로, 자기와 가장 가까운 사람과 대화 중에 진심으로 물어보는 것이 중요하다. 특히 놀랍게도 부부들 사이에 일어나는 부부 싸움 중에 배우자가 내게 "정말 힘들다"고 호소하거나 비난하는 포인트가 역설적으로 나의 핵심 감정과 보상 체계를 명확히 알려주는 열쇠가 된다. 그러므로 **먼저 자기의 핵심 감정을 파악하고 또한 상대의 핵심 감정에 관심을 갖기 시작하면**, 이러한 자기 돌봄이 앞으로 마주칠 여러 갈등 상황 가운데에서 더 건강하고 균형 잡힌 인간관계를 형성하도록 도움을 줄 것이다.

○

○

○

정서적 산소 결핍: 내면을 복음으로 치료하라

　사람은 어릴 적부터 지나치게 학대를 받았거나 무가치한 사람으로 취급받고 자라면 그 인생은 자칫 낮은 자존감에 시달리게 된다. 그러면 보통 자기 비하를 하게 된다. 사람은 어릴 때부터 "네가 얼마나 무가치한 존재인 줄 알아?"라는 소리를 계속 듣고 자라면 그의 내면에 자기가 무가치한 존재라는 생각이 고착화되어 떠나지 않는다. 그렇게 되면 그는 자칫 우울증으로 들어갈 수 있다. 우울증은 자신을 너무나도 가치 없고 쓸모없다고 여기는 증상이다. 우울증에 시달리면 결국 자신의 무가치함을 스스로 인정하게 되어, 많은 경우 자기 목숨을 던져버리는 경우도 발생한다. 이런 경우 내면적으로는 '우울증'으로 나타나고 외부적으로는 '분노'

로 발산된다.

사람이 어릴 때부터 이 세상이 자기에게 벽처럼 느껴지고 무슨 말을 해도 무반응을 경험하게 되면 그는 자칫 '정서적 산소결핍' 증상을 느낄 수 있다. 아무도 자기 마음을 받아주지 않고 자기 이야기를 들어주지 않는 무반응, 무대응을 경험하면 그 마음은 숨쉬기도 어려워진다. 그러면 실제로 자기 몸에서 물리적으로 산소 부족을 느끼게 되며 숨쉬기가 어렵고 급기야 죽음의 공포가 찾아오는 공황장애에 빠질 수가 있다.

사람이 어릴 적부터 "잘 해내야 한다"는 압박을 많이 받으면 그 내면에 과부하가 걸린다. 그래서 잘하고 싶은데 잘하지 못하게 되는 증상이 시작된다. 자동차로 말하면 앞으로 빨리 달려야 하는데 그것이 마음대로 안 되어 정지 상태에서 공회전이 일어나는 것과 같다. 그렇게 되면 사람이 자칫 그 내면에 강박증이 생길 수 있다. 강박증이란, "빨리 잘 해내고 싶다"는 자기 압박의 외부적인 표현이다. 강박증이 심해지면 일상생활이 어려워질 수 있다.

어릴 때 부모로부터의 사랑과 인정 그리고 지지와 격려가 심각하게 결핍되면 그 마음에 부작용이 온다. 그리고 어른이 되면 무언가를 지나치고 과하게 하려고 하는 증상이 온다. 특히 일을 지나치게 하려는 이른바 일중독 증상이 오는데, 열심히 일을 하되 쉼이 없는 것으로 이것은 쉼표 없는 악보와 같다. 마치 고속도로를 달리는데 가끔 휴게소에 들르지도 않고 기름도 넣지 않고 계속 달리기만 하는 자동차와 같다. 이렇게 되면 그는 조만간 번아웃, 즉 탈진 현상에 빠질 수 있다.

우울증, 공황장애, 강박증, 일중독에 시달리는 사람들은 그의 내면에서 나쁜 뉴스가 들려오는 중이다. 나쁜 메시지는 사실상 우리 내면에서 24시간 쉴 새 없이 들려온다.

"너는 무가치해."

"너는 쓸모없어!"

"네게는 이 세상에 아무도 없어."

"네 얘기를 들어줄 사람은 없어."

"너는 잘해야만 돼."

"이 정도로는 안 돼!"

이런 나쁜 메시지, 즉 베드(BAD)메시지 가 계속 들려온다. 이런 사람들에게 복음은 굿(GOOD) 메시지다. 굿 메시지는 영혼을 구원할 뿐 아니라 그 내면을 치료한다. 오직 **복음이라는 굿 메시지가 그 내면에 계속해서 들어와, 베드 메시지를 몰아내야 치유가 된다.**

우울증을 치료할 굿 메시지는 자존감을 올려주는 복음의 소식이다.

"너는 소중해. 네가 무엇을 하든지 어디에 있든지 너는 귀한 존재야!"

"너는 있는 그대로도 존귀해!"

라는 좋은 메시지들이다. 주님은 우리에게 끊임없이 굿 메시지를 부어주신다. 이것을 믿음으로 긍정하고 자신의 마음에 채워 넣어야 치유가 가능하다. 우울증에 시달리는 사람은 그의 자아 존재감이 올라가야 우울증이 회복될 수 있다.

공황장애를 치료할 굿 메시지는, 누군가가 그의 이야기를 들어주면서 공감해 주면 치유가 된다. 주님은 우리의 아픔을 아시고 그 마음을 공감해 주신다.

"그래, 네 마음이 지금 힘들다는 거지?"

"그래? 그 마음 내가 알아 줄게."

"내가 네 얘기를 들어 줄게!"

"그렇구나. 네가 얼마나 힘든지 알겠어!"

이것이다. 이렇게 어릴 적부터 고장 난 우리 내면에 복음의 메시지가 들어오면 치료가 가능해진다.

강박증을 치료할 굿 메시지는, 그 사람의 과부하 증상에 '괜찮다'고 말해주는 것이다.

"그래 괜찮아. 항상 잘할 수는 없어."

"이번에는 못할 수도 있어. 그게 그리 이상한 것은 아니야."

"네가 넘어졌다 해도 그렇게 큰일은 아니야."

"좀 쉬어가도 돼!"

이것이다. 주님은 우리에게 실수하지 말라고 압박하지 않으신다. 그 분은 우리를 압박하는 직장 상사가 아니다. 우리가 노력한 만큼 알아주시며 작은 일에 충성했으면 그것으로 충분하다고 말씀해 주신다.

일중독과 탈진을 치료할 굿 메시지는, "그래, 좀 쉬어도 돼"라고 말해주는 것이다.

"수고했어. 힘들었지? 이제 좀 쉬어도 돼."

"쉬는 게 이상한 게 아니야. 쉬는 게 나쁜 게 아니야!"

"일했으면 얼마든지 쉬어도 돼!"

주님은 우리에게 "수고하고 무거운 짐 진 자들아 다 내게로 오라 내가 너희를 쉬게 하리라"(마11:28)라고 말씀해 주신다.

이렇게 일관되고 따뜻한 굿 메시지를 내면이 상한 사람이 들으면 고장 난 내면이 치료될 수 있다. 정서적으로 좋은 공동체 안에서 따뜻한 굿 메시지를 들으면 회복이 이루어진다. 상담 치료를 받는 시간에도 심리적 회복이 이루어진다. 또한 영적으로도 주님이 주시는 굿 메시지를 매일 들으며 은혜에 잠기면 이런 회복이 이루어진다. 이 세 가지 조건이 함께 충족된다면 그의 상처난 마음은 많이 회복될 수 있다. 우울증, 공황장애, 강박증, 일중독, 탈진 등 정서적 산소결핍으로 시달리는 사람들 모두의 내면을 치료하는 힘, 이것이 **복음의 능력이다.**

○
○
○

애착 경험과 부재 경험

어린아이가 자라면서 인격적인 존재로 독립해 건강한 어른이 되려면 부모로부터 두 가지 양육이 필요하다. 부모와의 충분한 '애착 경험'과 동시에 부모의 적절한 '부재 경험'이다. 특히 갓난아이에게 엄마와의 애착 경험이 충분하면 그 아이의 내면에 안정감이 듬뿍 생기게 된다. 아이에게 엄마의 얼굴은 해보다 밝고 빛나는 상태여야 한다. 이렇게 정서적으로 친밀감이 충분히 공급되면 아이가 자라면서 혼자 있어야 하는 시간이나 무엇을 독립적으로 해야 하는 시간에 그리 불안해하지 않는다. "늘 엄마는 내 곁에 있어!" 이 확신이 이 아이를 안정감 있게 만들어 준다. 그래서 엄마와의 애착이 충분히 된 아이는 이른바 '혼자서도 잘해요!'가 가능해진다.

 동시에 어린아이는 부모의 적절한 부재 경험도 필요
하다. 이 개념은 일반적인 양육 상황에서는 좀 낯설 수
도 있는데, 어린아이가 부모와의 애착 경험만 필요한
것이 아니라 부모의 부재 상황도 적절하게 필요하다는
뜻이다. 이것을 자기 심리학(自己心理学)에서는 '최적의
좌절감'이라고 한다. 아이가 해야 할 일을 부모가 얼른
뛰어들어 해주지 않고 잠시 아이 혼자 해볼 수 있도록
기회를 주는 것이다. 아이는 잠시 불안하겠지만 조금
있다 부모가 내 옆에 있음을 다시 느끼게 되면 혼자 해
볼 용기가 생긴다. 그러므로 아이가 스스로 해야 할 일
을 부모가 곁에서 기다리지 못하고 바로 대신하게 되
면 부모의 적절한 부재 상황을 허용치 않는 것이 되며
아이는 독립을 연습할 수 있는 기회를 잃어버리게 된
다.

 문제는 이것이다. 우리의 어린 시절에는 대부분의 부
모가 이렇게 완벽하고 적절하게 애착과 부재의 경험을
알고 양육하는 가정이 거의 없었다는 것이다. 어떤 부

모의 경우 아이에게 무관심하거나 어떤 이유로든 방치 상태로 두는 일도 적지 않았다. 부모가 너무 바쁘거나 우울한 경우에 아이는 애착 경험의 결핍이 생긴다. 또는 부모가 아이에게 지나치게 애정을 쏟아 과잉 돌봄 상태가 되어 아이가 적절한 부재 상황을 경험하지 못하는 경우로 인해 충분한 애착의 부재가 사랑의 결핍 상황이 되거나 사랑을 과잉으로 받아 아이가 혼자 독립적으로 해볼 기회를 놓치게 되는 경우가 있는 것이다.

아이가 어린 시절에 애착 경험이 결핍되면 건강하게 독립적으로 성장하는 일이 어려워진다. 그런 아이는 내면이 불안하고 세상을 살아가는 것을 두려워하게 된다. 이때 그 아이의 내면에서 어른처럼 행동하려는 증상이 생긴다. 이러한 증상을 소위 '유사 독립'이라고 한다. 그는 뭐든지 혼자서 잘하는 것 같지만 속으로는 안정감이 결핍되어 불안하고 쫓기는 인생을 산다. 그런 아이는 어른이 되어서도 사실상 애착 경험의 결핍으로 만화영화 <엄마 찾아 삼만 리>처럼 떠도는 인생을 살게 될 수도 있다.

그런가 하면 다른 한편, 아이에게 적절한 부재 경험이 없는 경우도 그가 건강하게 독립적으로 성장하기 어렵게 만든다. 어린 시절에 무엇이든지 엄마 아빠가 다 알아서 해주기 때문에 그는 자기 혼자 해볼 기회가 없어서 어른이 된 후에도 의존적인 내면 상태가 되어 독립적인 존재로 확실히 서지 못하는 인생을 살게 된다. 이런 경우를 소위 '성인 아이'라고 한다. 남자인 경우 '마마보이', 여자인 경우 '마마걸'이 된다.

다시 한번 강조할 만큼 이 경험들은 성인이 되어 어떤 어른으로 살게 할 것인가에 대한 매우 중요한 경험이다. 필수적인 애착 경험으로 부모가 자녀 혼자서 해볼 수 있도록 적절하게 물러나 있어주면 그 아이는 내면에 혼자 하는 힘을 기를 수 있고, 건강하고 따뜻한 어른으로 설 수 있게 될 것이다.

결국 충분한 애착 경험과 적절한 부재 경험이 어린 시절에 아이의 내면에 조화롭게 엮이는 것으로 부모가 자녀에게 무관심이 아닌 따뜻함을 충분히 부어주면 그 아이는 안정감 있고 독립적으로 성장할 수 있게 된다.

코로나 팬데믹 시대와 내면 취약 계층

우리 모두는 코로나 팬데믹 시대를 살아가면서 이 상황이 빠르게 종식되길 바랐으나 현실은 그렇지 않았다. 코로나라는 녀석은 생각만큼 쉽사리 물러가려고 하지 않았다. 마치 원치 않는 불청객이 우리 집에 와서 오래 죽치고 앉아 있는 것처럼 우리 마음과 삶이 불편하기 짝이 없게 만들었다. 하지만 이 놈이 빨리 물러가지 않음으로 인하여 오히려 생태계에 대해 더 생각하는 계기가 되었고, 우리에게 왜 이런 상황이 왔는지 다시 한 번 근본적으로 생각하게 되기도 했다.

코로나 팬데믹 같은 재난의 시대에 일상의 적응이 가장 힘든 이들은 누구일까? 그런 상황이면 누구나 우리

사회의 빈곤 계층이 가장 견디기 어려울 것이라 생각하지만 반드시 그런 것도 아니다. 그들보다 적응이 어려운 이들이 있다. 바로 자신의 내면이 허약한 취약 계층이다. 내면이 빈곤한 상태에 있는 사람은 코로나 팬데믹 시대 같은 재난의 시기를 가장 버티기 어려워한다. 평소에 자기 내면을 튼튼히 관리하는 일을 하지 않았던 사람들은 재난의 시기가 찾아오면 유독 버티고 견디는 것이 힘들어 살아내기 어렵다는 느낌을 받는다.

왜 그런지 곰곰이 따져보자. 코로나 상황은 자신에게 정서적이며 사회적인 양분 공급이 적절히 되지 않는 환경이다. 이런 재난의 때는 각자가 스스로 자신이 먹을 양분을 공급해야 하는데, 자기 내면에 양분을 스스로 충분히 배양하는 일에 실패한 사람은 상상할 수 없이 취약해지고 정신적으로 매우 결핍된 삶을 살게 된다. 왜 이렇게 살기 힘든지 알 수도 없이 심리적으로나 정서적으로 영양실조 상태가 되는 것이다. 정서적인 영양 결핍 상태, 이것이 많은 사람들로 하여금 코로나 블루에 시달리게 했다. 외부에서 공급을 해주지 않는데다 스스로 공급하지 못함으로 인해 코로나 우울증을 피할 수 없게 되는 사람들도 있었다.

그러므로 이 재난 시대에 신앙생활이 가장 어려운 이들은 누구일까를 좀 더 생각해 본다면, 내면이 취약한 계층, 영혼의 근육이 허약한 계층이다. 평소에 내면 성찰을 잘하지 않고 영적 활동마저 활발히 하지 않은 이들은 코로나 시대에 믿음이 현저하게 떨어지기도 했다. 성도들은 함께 모여 예배와 찬양, 기도와 교제를 통해 양분을 공급받고 힘을 얻어야 하는데 코로나 시대에는 가깝게 모이는 일에 제한적인 사회적 거리 두기와 모임의 어려움들의 여파로 인해 신앙생활의 어려움과 자신의 신앙의 민낯을 보게 되는 계기가 된 것이다.

그래서 **성도는 매일 내면의 근육 훈련과 영혼의 양분 공급을 해야 재난의 시대를 버틸 수 있다.** 누군가가 공급해 주지 않아도 스스로 양분을 섭취할 수 있다면 재난 시기를 살아갈 수 있다. 이 영혼의 양분 섭취를 스스로 못하는 이들은 재난의 시대에 버텨낼 방법이 없다. 그들은 내면의 뿌리부터 흔들리게 된다. 이렇게 되면 신앙적으로도 자연히 무너지게 된다.

지금 우리는 주님이 말씀하신 마지막 시대인 영적 기근의 시대에 살고 있다고 볼 수 있는데, 보통 기근이 들게 되면 가장 먼저 가난한 이들이 굶주림으로 쓰러지는 것처럼, 영적 기근도 마찬가지다. 코로나 시대에도 내면의 취약 계층이 먼저 쓰러졌다. 내면이 취약하면 영혼도 취약해진다. 내면의 빈곤 계층은 살아낼 힘도 없고 믿음도 지켜내지 못한다. 특히 코로나 시대는 매우 장기적인 재난이었다.

그런데 더 큰 문제는 이제 점점 마지막 시대로 접어들기 때문에 이와 같은 재난이 또 올 가능성이 매우 크다는 것이다. 그때에 우리는 어떻게 살아남을 것인가를 미리 대비해 놓아야 한다. 앞으로 제2, 3의 코로나와 같은 전염병 상황들이 또 올 것이고 기후의 위기도 점점 더 심각해질 것이다. 또한 AI 인공지능의 위협도 계속해서 커지고 있는 것이 현실이다. 이런 상황들을 대비하기 위해 자기 영혼의 취약한 부분을 보완해야 함을 느낀다. 재난의 시대에는 비상 식량을 비축해야 살아낼 수 있듯이 내면에 건강한 자양분을 가지고 있는 사람만이 이 시대를 살아남을 수 있다.

건강한 자양분이란 어떠한 상황과 환경에도 견딜 수 있는 내면의 강인함과 유연함을 말하는데, 이것은 **자족 훈련**을 통해 내면에 건강하게 뿌리내릴 수 있다. 좀 더 열악한 상황에서도 버틸 만한 내면의 여유로움을 만들어가는 것이다.

구체적으로는 항상 "오늘 여기, 그래 이 정도면 괜찮은 거야"라고 생각하는 습관과 말로 선언하는 연습을 해보는 것이다. 이것을 매일 스스로 훈련해 보면 내면에 근육도 생기고 마음에 여유 공간이 생겨 넓어진다.

또한 **영혼의 근육인 믿음 훈련**을 해야 한다. 믿음이란, 하나님이 지금까지 나를 붙들어 오셨고, 오늘도 나와 함께 계신다는 안정감이다. 이 안정감은 장차 나를 보호하사 끝까지 주님이 계신 곳으로 인도하실 것이라는 확신을 말한다. 이 믿음의 훈련은 다시 오실 예수 그리스도를 기다리는 우리가 '나에게 하늘에 영원히 살 집이 있다'는 근원적 소망을 품는 것이고, 이것이 진정한 믿음의 훈련이 된다. 매일 이 믿음을 훈련하면 영혼과 속 사람이 강건해진다.

이렇게 내면과 영혼이 풍요로워지면 코로나 팬데믹과 같은 재난뿐만 아니라 그보다 더한 마지막 시대의 어떠한 재난이 올지라도 넉넉히 견딜 수 있을 것이다.

♡

자신의 마음 쓰기
당신의 마음을 들려줄래요?

Q1. 어린 시절 당신은 자신의 마음을 잘 표현했나요? 긍정적인 감정,
부정적인 감정이 일어난 상황을 떠올리고 그 감정에 직면해 보세요.
또한 당신이 자주 느꼈던 당신의 핵심 감정은 무엇일까요?

Q2. 다른 사람들이 무심히 다룬 내용이나 말들로 인해, 자신도 모르게
마음이 불편해지는 상황 또는 당신의 감정이 격해진 모습을 본 주
변 사람들에게서 받은 피드백으로 어떤 것이 있었는지 적어보세요.
그 주제에 대해 자신이 왜 예민하게 반응했는지 이유를 찾아보고
적어보세요.

"

Q3. 지금의 당신은 자신의 감정을 바로 알고, 수용의 반응이든 거절의
반응이든 알맞게 표현하고 있나요?
혹시 그러지 못하고 있다면, 당신은 어떤 노력을 할 수 있을까요?

Q4. 코로나 시대를 겪고 있는 당신의 정서적, 신체적 경험을 적어보세
요. 그것이 당신에게 어떤 영향을 미쳤나요?
또한 자기 돌봄에 어떻게 적용시킬 수 있을지 생각해 보세요.

"

말씀으로 어루만지기

그러나 주께서는

"내 은혜가 네게 족하다. 내 능력은 약한 데에서 완전하게 된다"

하고 말씀하셨습니다.

그러므로 그리스도의 능력이 내게 머무르게 하려고

나는 더욱더 기쁜 마음으로

내 약점들을 자랑하려고 합니다.

고린도후서 12장 9절

관계

○

○

○

환대, 냉대, 학대!

　사람과 사람이 관계를 맺는 일은 생각보다 쉽지 않다. 사실 인생에서 친한 친구 하나를 만드는 일도 간단한 일이 아니다. 가깝고 오랜 시간 서로 간에 좋은 것을 주고받아야 인생 절친이 될 수 있다.

　그런데 친구 맺기보다 더 어려운 것이 가족 관계이고 특히 결혼 관계가 아닌가 싶다. 가족은 내가 선택할 수 없이 주어진다는 점에서 나이를 먹어가면서 쉽지 않은 인간관계 중 하나가 될 수 있다. 그 중 부부 사이는, 물론 자신이 선택하는 것이지만 한번 선택하면 적어도 평생을 함께 해야 한다는 점에서 단지 마음에 들지 않는다는 이유만으로 멀리하기 어려운 것이 현실이다.

우리가 사람을 만날 때 세 가지 차원의 태도가 있다. 내가 의도하든지 그렇지 않든지, 누군가를 대하는 태도에는 '환대'가 있고 '냉대'가 있고 '학대'가 있다. '환대'는 주님의 마음이고 인간다움이며 사람이 마땅히 상대를 만나고 대할 때 가져야 하는 태도다. 하지만 이것은 그리 쉽지 않다. 자칫 환대를 할 줄 모르는 사람은 자기도 모르게 '냉대'를 하게 된다. 냉대를 하기로 마음먹는 것이 아니라 '환대'를 하지 않으면 '냉대'가 되는 것이다. 그리고 가장 최악은 '학대'인데, 학대는 다른 사람을 짓밟으며 고통과 아픔을 주고 소외시키는 것이다.

　'환대'란 어떤 것인가? 우리는 상대의 아픔과 고통이 나에게 느껴질 때 그를 공감해 줄 수 있다. 혹 상대의 아픔이 내게 온전히 느껴지지 않는 경우에도 그 아픔을 전적으로 수용해 줄 태도를 가진다면 그것 또한 공감이 된다. 이것이 환대이고 이를 통해 성숙한 공동체가 세워질 수 있다. 공감은 주님의 마음이고 우리에게는 굿 뉴스, 즉 복음이다. 이 공감은 선천적으로 타고나는 것이 아니라 평생 연습해야 익숙해진다. 공감은 매일 연습하지 않으면 잘 해내기가 쉽지 않다. 환대란 상대의 존재 자체를 소중히 여기고 용납해 주는 것을 의미한다. 상대가 가진 조건, 곧 환경이나 학벌 등에 따라 나의 태도를 달리하는 것이 아니라, **존재 그 자체로 존중해 주는 것이다.**

그런데 보통 환대가 아니면 '냉대'가 된다. 상대의 아픔이 나에게 잘 느껴지지 않는 경우다. 공감해 주는 태도가 없으면 그는 사람을 대할 때 무관심 또는 무신경으로 대하게 된다. 이것이 바로 냉대다. 이것은 내면이 미숙한 상태일 뿐 아니라, 인간성이 조금 부서진 것이라고 할 수 있다. 이 냉대의 증상을 스스로 깨닫는 기회를 얻지 못하면 사실상 나이를 먹어가면서 점점 그 상태는 악화된다. 이 상태를 심리학에서는 '나르시시즘'이라 하고 '자기애성 인격장애'라고 부른다. 나르시시스트는 어떤 상대를 대할 때 그것이 나에게 유익이 되는가 손해가 되는가를 기준으로 하여 관계를 맺는다. 자신에게 이로운 사람이라고 판단되면 기쁨으로 다가가지만 자신에게 이롭지 않다고 여겨지면 곧바로 냉대한다.

마지막으로, 냉대가 지나치면 '학대'가 된다. 상대에게 아픔과 고통을 주고 놀랍게도 그것이 자신에게 기쁨과 즐거움이 되는 악한 수준이다. 그래서 악한 사람은 약한 사람의 그 약함을 조롱하는 단계까지 나아가는데 이것이 곧 학대를 의미하고 그는 이미 사악한 상태로 들어간 것이다. 예컨대 '사이코패스' 또는 '소시오패스'가 이 수준에 해당한다. 인간이지만 인간성이 황폐하게 되고, 대신 짐승성이 장착된 상태로 들어가게 된다.

그래서 우리가 살면서 매일 스스로에게 물어야 할 질문이 있다.

"나는 사람을 환대하는가?"

환대가 아니라면 냉대를 하는 셈인데 그것을 명확히 자문해 보는 것이 필요하다. 우리가 성경적인 가치관을 가지고 있다면 주님이 자신 같은 사람을 그토록 환대해 주신 모습을 좇아 자기도 자신의 주변을 가능한 환대하는 것이 당연해지는데, 매일 환대를 연습하지 않으면 자연스럽게 냉대 쪽으로 가게 된다. 더군다나 사람을 차별하여 냉대하는 습관이 익숙해지면 자칫 사람을 학대하는 지경으로 갈 수 있음을 기억해야 한다.

정신과 전문의들에 의하면 어느 집단이나 100명 중에 한두 명은 소시오패스가 있을 수 있다고 말한다. 소시오패스나 사이코패스로 전락된 사람은 외부의 도움을 받지 않으면 치료가 어렵다. 혹 누군가의 아픔을 보거나 나로 인하여 누가 고통 당할 때 그것이 자신에게 어떤 형태로든 즐거움으로 다가온다면 그는 정신과적 도움을 반드시 받아야 한다. 혹시 내 안에 학대적 성향을 가진 것이 아닌지 확인할 필요가 있다.

그렇다면 우리의 태도가 환대가 아닌 냉대, 더 나아가 학대까지 가지 않도록 하기 위해서는 성경적으로 어떻게 해야 할까?

첫 번째는, **주님이 나를 어떻게 환대해 주셨는가**를 매일 생각해 보는 것이다. 주님은 "내가 너희를 사랑한 것 같이 너희도 서로 사랑하라"(요13:34)고 하셨다. 그러므로 주님이 나를 따뜻하게 맞아주신 것을 생각하는 것이 바로 자신이 이웃을 따뜻하게 맞이하는 근거가 된다.

두 번째는, 자신이 어린 시절에 환대를 받았는가? 아니면 냉대를 받았는가를 돌이켜보는 것이 중요하다. 어린 시절 부모에게서 양육받을 때 냉대를 받았다면 그에 따른 상처나 쓴 뿌리로 인해 누군가를 환대하는 데 어려움이 있을 수 있다. 그런 경우 환대의 공동체에 속하여 오롯이 따뜻한 대우를 받아볼 때 그 상처들이 회복의 기회를 얻을 것이다.

학대를 받고 자란 사람은 정말 절박한 상태다. 환대의 경험이 기근이 든 상태라고 할 수 있다. 그 인생에 단 한 번의 따뜻한 환대의 경험도 없이 냉대와 학대 속에 자라면, 그의 내면은 차갑게 식은 상태로 있게 되고 혹 그는 누군가를 학대하는 인생을 살게 될 수 있다. 그것이 사이코패스나 소시오패스가 되는 것이다.

그래서 좋은 공동체는 우리에게 너무나 중요하며 소중하다. 가정과 교회는 항상 **환대의 공동체**여야 한다. 혹 어린 시절에 가정에서 환대받지 못하고 자랐다 할지라도 나중에 좋은 교회 공동체에서 충분히 환대받은 경험이 있다면 그의 내면은 점점 따뜻해질 수 있다.

△

○
○
○

나와 너를 배우기

'나와 너', I and You는 사람과 사람 사이의 인격적 관계를 말한다. '나와 그것', I and It은 사람을 도구로 부르는 기계적 관계를 가리킨다. 유대인 철학자 마르틴 부버는 그의 책, <나와 너>에서 인간이 상대를 대하는 방식에는 두 가지가 있다고 했다.

첫 번째로, '나와 너' 방식은 내가 상대방과 인격적으로 상호 교류하는 관계라는 것이고 두 번째로, '나와 그것' 방식은 상대를 나의 목적을 위해 도구로 사용하는 관계라는 것이다.

놀랍게도 부부의 결혼 생활을 보면 나와 너의 관계가 아닌 '나와 그것'의 관계인 경우가 많다. 심리학자 래리 크랩이 쓴 <결혼 건축가>에 의하면 결혼한 부부가 '인격적 하나 됨'을 이루는 경우와 그렇지 못한 경우가 있다고 한다. '인격적 하나 됨'으로 결혼이라는 집이 건축되는 경우는 상대방을 있는 그대로 수용하고 상대의 필요를 채워주는 섬김의 관계를 가졌을 때다. 반면에 결혼이라는 집이 세워지지 않고 균열이 가는 경우는, 상대방을 있는 그대로 수용하기보다 나의 필요에 따라 상대를 움직이고 맞추게 하려고 할 때다.

그동안 심리학에서는 자기애성 인격장애에 대한 연구가 많이 진행되어 왔다. 자기애성 인격장애는 일명 나르시시즘이라고 하는데, 이것이 심한 사람은 상대방을 너, 당신이 아닌 내 이익과 손해의 기준인 '그것'으로 대한다. 그런데 이런 사람들은 자기가 그렇게 남을 잘못 대한다는 사실을 알지 못하며 자기가 그런 방식으로 상대를 '사용'하고 있다는 사실을 미처 인지하지 못한다. 사업 파트너의 경우는 말할 것도 없고, 심지어 부부지간과 가족 관계에서도 그렇게 대한다. 이것은 소위 타락한 인간 본성의 실상인 것 같다.

인간은 본질상 나르시시스트다. 크고 작은 차이만 있을 뿐 우리 인간은 자신의 이익을 위하여 상대를 이용하고 산다. '나와 그것'의 관계라는 것은 상대방을 대할 때 마치 스위치를 ON으로 누르면 작동하는 기계로 대하는 경우를 가리킨다. 내가 잘 사용하는 기계 다루듯이 사람을 조작하는 것이다. 설마 이런 관계가 있을까 싶지만 사실은 우리 주변에 너무 많다.

누군가와 기계적인 관계를 맺는 길로 빠지지 않기 위해 사람은 끊임없이 자기 성찰을 해야 한다. '나와 너'의 인격적 관계는 스스로 훈련하지 않으면 잘 되지 않는다. 인격적인 인간관계에는 부단한 노력이 필요하다. 스스로 자기 성찰을 하고 부단한 노력을 하지 않는다면, 자신이 상대를 '그것'으로 여기고 기계처럼 대하고 있는지조차 파악하기 어려운 일이다.

그래서 우리는 매일 복음을 들어야 한다. 우리가 처음 복음을 듣고 예수님을 믿게 되었지만, 그것으로 끝나는 것이 아니라 그 이후에도 매일 복음을 들으며 복음의 내용을 맛보고 지속적으로 복음을 깨달아야 한다. 복음이란 굿 뉴스, 즉 굿 메시지인데 하나님이 나의 존재를 있는 그대로 받아주시고 끊임없이 사랑하고 인격적으로 대해 주신다는 **무조건적 수용의 메시지**다.

그리고 주님은 언제나 '나와 너', 상호 교류를 원하신다. 이것이 우리에게 필요한 복음이고 진정한 인격적 사랑이다. 주님은 단 한 번도 우리를 도구로 쓰고 버리시는 일이 없으시다. 하나님의 형상을 따라 지음받은 존재로 우리를 존중히 여겨주신다.

오늘부터 우리는 누군가를 대할 때 '나와 너'의 관계를 맺어가 보는 것이 어떨까? 그렇게 나와 너, 둘이 하나가 되어야 참된 인격적 공동체가 되고, 거기서 행복을 느끼며 주님께로 갈 수 있다. 기계적인 '나와 그것'의 인간관계는 재미도 없고 의미도 없다. 이런 관계는 지겹고 따분하다. 누가 사람 냄새는 나지 않고 기계 냄새가 나는 인간관계를 좋아하겠는가? 오늘 내가 혹 기계적으로 사람들을 대하고 있지는 않은지 자신을 살펴보아야 한다.

그러므로 '참다운 나와 너'를 배우고 익히며 인격적으로 사람을 대하는 법을 배워야 한다. 우리가 다른 사람과 인격적 관계를 맺는 방법은 첫 번째로, 주님이 나를 얼마나 인격적으로 대하시는지 깨닫고 복음을 날마다 새로 풍성히 깨닫는 시간을 갖는 것이다. 주님은 "내가 너희를 사랑한 것 같이 너희도 서로 사랑하라"(요13:34)고 말씀하신다. 주님은 한 번도 나를 하나님의 목적에 따라 도구적으로 이용한 적이 없으시고, 현재와 미래에도 그러지 않으실 분이다. 두 번째로, 자기를 성찰하는 시간과 습관이 필요하다. 내가 너를 있는 그대로 수용하고, 너의 필요를 채워주려는 자세로 대하고 있는지 아닌지를 돌아보는 시간을 갖는 것이다. 마지막으로, 상대방에게 혹 자신으로 인해 불편한 것이 있는지 확인하고, 불편한 것이 있으면 그것을 인정하고 사과하는 것이다.

이 세 가지를 우리가 평생 연습하고 노력한다면, '나와 너'의 관계는 인격적으로 회복될 것이고 우리는 건강한 공동체를 세워갈 수 있다. 그렇게 인격적 공동체가 세워지면 큰 행복이 되어 공동체 구성원들에게도 돌아올 것이다. 결국 '나와 너', 그리고 '우리'가 되는 것이다. 이런 **함께하는 인격적 공동체**를 세우고 만들어 간다면 우리네 인생은 새 힘이 나고 활기차며 그 누구도 외롭지 않은 따뜻함으로 충만해질 것이다.

△

○

○

○

내 마음은 어디에?

사람이 자기 마음 둘 곳이 어디에도 없으면 그 마음에 문제가 생긴다. 특히 자기에게 '의미 있는 타인들' Significance Others은 참으로 중요하다. 의미 있는 타인이란, 부모, 형제나 친구들, 그리고 그가 친밀한 이웃이라고 확신하는 사람들이다. 그런데 이들에게조차도 마음 둘 곳이 없다고 느끼면 큰 문제가 되고 마음 숨쉬기도 어려워진다. 마음이 숨쉬기 어렵다고 느끼면 그는 심리적 산소 부족 현상을 경험하게 된다. "아, 왜 이러지. 내가 숨쉬기 어렵네!"라고 느끼는 것이다. 들숨이나 날숨이나 다 자연스럽지 않고 숨쉬기가 버거워진다. 살아가면서 이런 때가 있는데, "아 내가 어디에도 마음을 나눌 데가 없구나"라고 생각하면 산소 희박 증상이 나타난 것이다.

인간의 뇌는 매우 오묘하고 복잡하게 만들어져 있어, 정서적으로 산소가 부족하다고 느끼면 실제 물리적으로도 자신의 삶에 산소 공급이 중단되었다고 여기고 그 결과 자기 일상의 숨쉬기 호흡에 무리를 느끼게 된다. 그가 정상적으로 숨쉬기가 어려워지는 증상이 오는 것인데, 이것이 심해지면 이른바 공황장애가 된다.

이때 가까운 이들이 그를 찾아가 도와주어야 한다. 마음의 숨을 쉬기 힘든 이를 보면 그와 함께 있어줘야 하고 그가 무엇이 힘든지를 물어봐 주어야 한다. 어떤 일 때문에 힘들다고 말하면, 그것을 그냥 그대로 수용해 줘야 한다. "아, 그랬구나! 힘들겠네!"라고 말해주는 것이다. 이것이 공감인데 사실은 심리적 심폐 소생술에 해당한다. 그에게 내가 기댈 데가 되어주고 마음을 내려놓을 공간이 되어주는 것이다. 왜냐하면 그에게는 지금 정서적 산소 공급과, 심리적 안아 주기가 매우 필요한 상황이기 때문이다.

이때 이성적인 논리나 충고는 별반 소용이 없다. 심지어 가장 무섭고 효과 없는 것이 성경 말씀으로 이루어진 신앙의 충고 등이다. 그것을 몰라서 이런 증상을 보이는 것이 아니다. 그때는 충고가 아니라 말만이 아닌 **진심 어린 공감**이 절대적으로 필요하다.

"그랬구나! 힘들었겠네."

이것이다. 그의 마음에 귀 기울여 주는 일이 필요하다. 그의 마음에 숨을 불어넣어 주는 것이 필요하다. 이것이 바로 마음 둘 곳이며 마음을 기댈 곳이다.

사람에게는 정서적인 산소 공급이 정말 필요하다. 그의 마음을 알아주고 그의 힘든 감정을 함께해 주는 공감이야 말로 숨쉬기 힘든 사람에게 해주는 심폐 소생술인 것이다.

△

○
○
○

최악의 인간형

우리가 살면서 만나볼 수 있는 최악의 인간형은 어떤 사람일까? 처음에는 잘 모를 수 있지만 만나기만 하면 너무나 힘든 사람이 간혹 있다. 만날수록 힘들고 계속 해서 만나게 되면 마음에 병이 들게 하는 사람이 있다. (일명 '인간 흡혈귀' 또는 '기 빨린다'라고도 한다.)

그런데 의외로 이런 인간형은 우리 주변에서 자주 만나볼 수 있기 때문에 만남에 대한 신중함이 필요하다. 왜냐하면 이런 경우 한 사람에게서 위선과 위악, 두 가지가 동시에 나오는 경우가 적지 않고, 이 위선과 위악은 쉴 새 없이 나오면서 주변에 엄청난 악취를 뿌리고 오염시키기 때문이다.

위선은 마음속에 나쁜 일을 감추고 자기를 좋은 사람

으로 포장하는 것이고, 위악은 마음속에 나쁜 생각과 나쁜 일을 거침없이 자행하는 것을 가리킨다. 위선과 위악, 이 두 가지를 만들어 내려고 온갖 심혈을 기울이는 사람이 있다. 이런 사람을 성경은 악인이라 한다. 이 두 가지가 자동적으로 나오면 주변에서 도저히 그것을 참아낼 수가 없고 견뎌낼 수가 없다. 이런 사람이 가족인 경우, 특히 부모 중 한 사람이나 친한 사람인 경우, 위선과 위악을 계속해서 경험하면 그 사람은 마음에 깊은 질병이 오게 된다.

이런 위악이나 위선을 저지르는 사람들은 심리학적으로 보면 사실상 피해 의식을 가진 사람들일 가능성이 높다. 어릴 때 부모의 위악을 경험하는 경우, 부모의 폭력이나 폭언 등 학대를 받아 너무나 그 고통이 심한 경우, "나는 저런 아버지(또는 엄마)와 달라. 나는 좋은 사람이 될 거야!" 하는 마음이 생기게 된다. 이것이 얼핏 보기에는 좋은 마음가짐으로 보이지만, 이때 자기를 제대로 성찰하지 못하면 그의 삶 또한 위선으로 가는 수가 있다. 반면 어린 시절에 부모의 위선과 이중성에 충격을 받고 실망한 나머지, "어떻게 저렇게 이중적인 인간이 있을 수 있어?" 하며 비판적으로 바라보게 될 경우가 있다. 그런데 그가 받은 상처로 인해 부모에 대한 반항심과 보복 심리가 마음에 작동하게 되면, 자기가 의도하지 않아도 일탈 행동이나 더 나아가 사회적으로 나쁜 짓을 일삼게 되는 상황으로 나가게 될 수도 있다. 이것이 바로 위악으로 달려가는 인생이다.

어떤 경우라도 '나는 내 인생의 피해자'라는 생각, 곧 피해 의식으로 살면서 그 내면의 문제를 해결하는 방법을 몰라 방치하게 되면 그는 자기도 모르게 위선이나 위악 둘 중의 하나를 택하여 그런 안타까운 삶으로 고착되는 경우가 있을 수 있다.

그런데 그 중 최악의 경우가 바로 위선과 위악이 한 사람의 내면에 함께 장착되는 것이다. 어릴 적 누군가의 위악을 보고 그것으로 인하여 받은 상처에 대한 보복 심리가 작동되면 온갖 나쁜 일을 저지르는 위악의 사람이 되는 것이고, 자신의 악한 짓을 사람들에게 감추고 선한 사람인 것처럼 포장하는 경우 그는 위선적 사람이 된다. 이렇게 되면 자기도 모르는 사이에 최악의 인간형이 되어 주변 모든 사람에게 해악을 끼치는 인생이 되는 것이다.

그러므로 자기도 모르게 최악의 인간이 되지 않는 유일한 방법은 자기 성찰의 작업이다. 내면을 회복하는 일은 자기 성찰의 작업으로부터 시작된다. 자기 어린 시절에 어떤 일이 있었는지를 살펴보자. 그래서 자기 안에 어떻게 위선과 위악의 장치가 형성될 수 있었는지 발견해 보자. 자기 자신의 현재 내면 상태를 점검하여 진정성과 일관성을 가지고 진실과 정직, 그리고 선을 향하여 걸어가야 한다.

△

○

○

○

결혼 생활의 회복과 빚 갚기

두 사람이 열렬히 사랑해서 결혼을 했지만 결혼하고 나서 문제가 생기는 경우가 많다. 부부가 되면 각자의 미숙함으로 인하여 서로에게 피해를 끼치는 상황을 반드시 마주하게 된다. 나의 미숙함은 상대에게 피해로 가게 된다. 그래서 부부는 대부분 결혼 초나 신혼 때에 서로에게 빚을 많이 지게 된다. 이때 생기는 문제가 있는데, 자신이 상대를 힘들게 하는 부분이 무엇인지 인지하지 못하면서 배우자가 자신을 힘들게 하는 부분은 정확하게 알고 있다는 것에 있다. 그래서 결혼 생활의 불화의 핵심은 자신이 그에게 받은 피해는 정확히 알지만 자신이 그에게 준 피해는 정확히 알지 못한다는 것이다. 상대가 내게 빚진 피해 액수는 명확히 계산하고 있는 반면 자신이 상대에게 빚진 피해 액수는 잘 모르는 것이 일반적인 상황이다.

모든 부부 싸움은 여기서 시작된다. 부부가 격렬하게 싸울 때 두 사람은 서로 상대에게 자신에게 진 빚을 먼저 갚으라고 일방적으로 요구한다. 이것이 우리가 경험하는 부부 싸움의 실체다. 객관적으로 보면 안타까운 상황이다. 그는 내게 빚을 갚으라고, 나는 그에게 빚을 갚으라고 독촉하다 보니 정작 싸움의 본질은 제쳐 두고 서로 딴 얘기를 하고 있는 것이다. 이런 부부 싸움은 끝이 나지 않는다. 자신이 그에게 빚진 사실 자체를 알지 못하니 빚을 갚을 수 없고, 그도 나에게 빚진 것을 알지 못하니 갚을 수가 없는 것이다.

그러다 어느 날 은혜가 임하여 결혼 생활이 회복되는 수가 있는데, 그때 '내가 상대에게 얼마나 빚졌는가'를 상호 간에 깨닫는 기적 같은 일이 일어난다. 부부가 동시에 좋은 상담을 받으면 이 같은 기적이 일어난다. 또한 한 사람이 예수를 믿고 하나님의 은혜가 부어지면 기적이 일어나기도 한다. 그래서 한 사람이 먼저 상대에게 빚을 갚기 시작하면 결혼 생활의 회복이 시작된다. 더 나아가 둘이 서로 자신의 빚을 상대에게 갚기 시작하게 될 때 둘 사이에 있던 문제는 점점 해결의 조짐을 보이게 되고 이렇게 되면 얼마나 큰 기쁨이 오는지 모른다. "이것이야 말로 천국인가" 싶을 정도로 행복감을 느끼게 된다. 이것이 부부 회복의 열쇠다.

△

○

○

○

사람 냄새 나는 삶이란

나의 결혼 생활은 35년이 되어간다. 신혼 초에는 많이 다투기도 했지만 이제 평생 친구가 되어가는 것 같다. 둘이 같이 살 때 가장 중요한 것이 무엇일까? 그것은 '사람 냄새가 나게 사는 것'이다. 이렇게 살면 서로 풍성한 행복감을 느끼게 된다. 함께 있다는 느낌이 들어야 소속감이 생기고 연대감이 든다. 혼자 있을 때와 둘이 함께 있을 때의 차이가 느껴져야 한다. 두세 사람이 모였을 때 소속감과 연대감, 그리고 행복감과 같은 감정들이 더욱 느껴져야 한다.

그런데 그렇지 않은 경우가 많다. 같이 살아도 사람 냄새가 나지 않게 사는 사람들이 많다. 이런 경우 같이 있어도 그냥 혼자 사는 것 같아서 소외감과 고립감을 느끼게 되고 왠지 사는 것 자체가 불행하게 여겨진다. 혼자 있고 싶어서 혼자 있는 것과 둘이 같이 있는데도 혼자 있는 것 같은 느낌은 전혀 다른 것이고, 후자는 전혀 행복하지 않은 삶이 된다.

사람 냄새는 무엇일까? 반응이다. 거기에 사람이 있다는 증거는 나를 향한 반응으로 돌아온다. 누가 무슨 말을 하면, "아, 그래요?" 하고 호감을 가지고 반응하는 것이 사람 냄새가 나는 것이다. 누가 아프다 하면, "아이구야, 많이 아파요? 힘들겠네요!"라고 반응해 주는 것이 좋다. 누가 잘했으면 "와우, 어디 보자. 참 잘했네!" 하고 함께 기뻐해 주는 것이다.

그런데 이것이 의외로 쉽지 않은 사람이 참 많다. 이런 경우는 어린 시절에 사람의 희로애락인 기초 정서가 잘 발달이 되어 있지 않기 때문이다. 어릴 때 엄마가 반응을 많이 해주지 않은 사람은 자칫 성장해서도 반응이 서툴고 잘 못하게 된다. 어린아이가 "엄마, 나 배 아파!" 했는데 엄마가 시큰둥하거나 "좀 참아 봐!"라고 반응한다면 그 아이는 아픈 표정도 아픈 표현도 마음 편하게 하지 못하게 된다. 또는 아이가 초등학교에서 무언가를 잘해서 상을 타 왔는데 아빠가 반응을 보여 주지 않고 일만 하면 아이는 아빠의 무반응으로 인해 어른이 된 후도 좋은 일이 있거나 무엇을 성취했을 때도 기쁨을 표현하기 쉽지 않다.

이런 사람은 다른 사람의 감정에도 자연스럽게 반응하거나 자신의 감정을 표현하는 일에 어색해하고 낯설어 한다. 누가 아프다 해도 어디가 아프냐고 물어보지 못하고, 무반응인 경우가 많다. 적어도 아픈 사람에게 "아프겠다" 하면서 관심을 기울여 줘야 하는데 무반응이다. 누가 잘했을 때도 기뻐해 주는 일을 잘 못한다면 이것이 사람 냄새가 나지 않는 경우다.

앞서 설명했듯이 인간관계는 환대하거나 냉대하거나, 따뜻함으로 대하거나 차가움으로 대하게 된다. 이렇듯 선택은 이것 아니면 저것이다. 어떤 말이나 표정이나 작은 행동도 그렇다. 상대방에게 힘을 주거나 힘을 빼거나 얼핏 보면 그 중간이 있을 것 같지만 사실상 그 중간은 없고 자신의 행동이 상대방에게 호감과 관심을 보이든지 아니면 비호감과 무관심을 드러내는 것이다. 즉, 상대방에게 자신이 마음을 열거나 닫거나 하게 되는 것이다. 그 사이는 없다. 두 사람이 사랑하여 결혼까지 하게 되는 경우 절대로 둘이 서로 냉대했을 리가 없다. 무관심했다면 결혼까지 갈 수도 없었을 것이다. 그러므로 부부 사이에 일어나는 관계는 보답 아니면 보복 둘 중 하나로 가게 된다. 작은 행동 하나도 그 가정을 세우거나 부수거나 둘 중 하나일 수밖에 없다. 아내에게, 남편에게 무언가 마음을 실어 소중하게 대해주려는 것이 아니라면 그건 상대방을 소홀히 취급하는 것이다. 다시 말하면 이것은 상대에게 가까이 다가가거나 아니면 '나 몰라라' 하는 둘 중 하나의 태도다.

그러니 사람 냄새가 나게 살려면 자동적으로 되는 것이 아니라 노력해야 하며 상대방의 필요가 무엇인지 헤아려보고 그의 말이나 표정에 반응하는 연습이 필요하다.

예를 들어 흔히 부부 사이에서 벌어질 법한 상황으

로, 남편이 퇴근하고 집에 왔는데 넥타이를 풀면서 "아, 더 이상 치사해서 이 회사 못 다니겠어. 사표를 쓰든지 해야지, 원!" 하고 불평할 때 아내는 겁이 덜컥 날 수 있다. 이럴 때 "아니, 집안의 가장이 힘들다고 사표를 낸다고 하면 어떡해요?"라고 아내에게서 남편의 마음을 헤아리지 못한 현실적인 반응이 나와버리면 남편의 마음은 쓸쓸하고 차가운 비가 내리는 황량한 벌판처럼 참 쓸쓸할 것이다.

회사를 그만 다니고 싶다 말하는 남편이 소파에 털썩 주저앉았을 때 아내의 입에서 듣기 원하는 말은,

"에고, 우리 여보 오늘 무척 힘든가 보네요. 무슨 일 있었는지 내게 풀어놔 봐요."

혹은 "당신 오늘 많이 힘들었겠네"와 같은 반응일 것이고, 이것으로 인해 남편의 속상했던 마음에 조금은 숨통이 트일 것이다.

요즘 코로나로 인해 등교를 거부하는 학생들이 많아지고 있는데 혹여 고등학교를 다니는 딸이 학교에서 돌아와 아빠에게 "아빠, 학교 그만 다닐래요!" "나 더 이상 못 다니겠어요!"라고 한다면 아빠는 가슴이 철렁 내

려앉는다. 얘가 자퇴를 하려고 그러나? 이때 아빠 입에서 "그래도 자퇴는 안 돼!"라고 한다면 딸의 마음을 알아주지 못하는 아빠로 야속하게 느껴질 것이다. 아빠의 입에서 나와야 하는 반응은,

"아이구야. 우리 딸, 오늘 많이 힘들었구나?"

"그래, 많이 힘드니? 아빠가 들어줄 테니 한번 얘기해 볼래?"

"아빠는 언제든 너의 편이야."

이렇게 반응하고 호응하고 맞장구를 쳐준다면 그 딸은 다시 한번 학교생활을 해볼 힘을 얻을 것이다.

둘이나 셋이 살면서 우리가 함께 있다는 확신이 몽글몽글 피어 오르는 순간이 있다. 서로에게 따뜻한 관심을 가지고 서로에게 가슴으로 반응해 주거나, 서로 맞장구 쳐주고 상대가 느끼는 감정을 공감해 주는 일, 이것은 결코 하루 이틀에 되는 것이 아니기에 노력하는 만큼 공감 지수가 올라갈 수 있다. 부부간에도 살면서 서로 반응해 주기를 연습해야 하고 아들과 딸에게도 적용해 보면 좋을 것이다.

가족이 같이 살면서 서로에게 반응이 없다는 것은 너무나도 쓸쓸하고 허전하다. 그렇다. 사람 냄새가 나야, 같이 사는 맛이 난다. 이제부터라도 조금씩 사람 냄새 좀 풍겨가며 같이 사는 맛을 내보면 어떨까? 이렇게 사람 냄새가 나는 곳에는 5월의 꽃망울처럼 행복이 피어 오를 것이다.

△

○

○

○

인생살이와 결혼살이의 공통점

인생과 결혼은 공통점이 많다. 시간이 가고 세월이 흐르면 점점 더 뚜렷해진다. 한 사람의 인생살이 모습이나 둘이 사는 결혼살이에는 매우 유사한 현상이 있다. 인생은 점점 성숙하든지 혹은 점점 악화되든지, 둘 중 하나의 모습으로 귀결되는 것 같다. 결혼도 이런 현상이 나타나는데 둘이 같이 성숙하여 동반 상승하거나 둘이 같이 동반 하락하는 것이다. 어떤 개인이든 혹은 어느 부부에게나 이 현상은 자연스럽고 일반적인 경향이라고 본다.

한 사람이 점점 성숙으로 가는 만큼 그의 결혼 생활도 점점 탄탄해진다. 반면 그 인생이 미숙한 상태이면 그의 결혼 생활도 어쩔 수 없이 미숙하기 마련이다. 개인이 미숙하면 부부 사이도 역시 불화로 부딪히고 서로 파열음이 날 수밖에 없다. 그 상관관계는 분명한데, 바로 그 사람의 내면에 자기 성찰이 있느냐 없느냐 이것이 관건이다.

자기 성찰이란, 하나님의 말씀을 매일 먹고 자기의 옛 습관을 버리는 일로 나타난다. 그런 결과가 실제로 하나님의 성품으로 변화되어 성숙한 인격으로 나타나게 된다. 그러므로 성숙한 삶의 혜택은 가장 가까운 이웃인 배우자에게 돌아갈 수밖에 없다. 이것을 성경은 복의 통로가 되었다고 말한다. 이럴 때 그의 배우자는 이 혜택을 받고 보답하게 된다. 저 사람이 점점 변화되고 성숙해지는 모습이 나에게 너무나도 큰 행복감을 주기 때문에 나도 저 사람에게 잘해주고자 하는 마음이 차오르고 두 사람은 점점 더 화목한 사이가 되어 둘 사이에 상호 혜택이 점점 커가게 된다.

그렇게 동반 상승하는 부부의 결혼 생활은 그 자녀들에게 수는 행복감도 크다. 그 자녀들은 비교적 정서가 안정된 상태로 성장하게 되고, 자녀들은 부모의 결혼 생활을 자연스럽게 모델로 삼아 남편의 역할과 아내의 역할 또한 자연스럽게 습득하게 된다. 자녀들이 장성하여 결혼 생활을 할 때 부모님의 결혼 생활에 대한 이미지가 매우 좋고 긍정적이기에 좋은 남편 또는 아내의 역할을 수행하는 데 별 어려움이 없게 된다.

그러나 반대로 한 사람이 자기 성찰에 소홀하면 자기도 모르게 미숙한 상태로 머물게 된다. 나이가 들었는데도 미숙한 채로 살면 배우자에게 끊임없이 상처를 주고 아픔을 주게 된다. 그 결혼 생활은 동반 하락을 피할 수 없다. 부부간에 갈등과 불화가 심하면 그 부작용은 원치 않게도 그 자녀들에게 영향을 미치게 된다. 그 자녀들은 부모의 결혼 생활의 이미지가 좋지 않기 때문에 결혼에 대한 부정적인 이미지를 갖게 된다. 부모가 언제, 어떤 식으로 화냈는지 자녀의 마음에 기억되어 자기도 모르게 그와 유사한 상황이 되면 배우자에게 미숙하게 화를 내게 된다.

이렇게 자기 성찰이 없는 미숙한 인생은 세월이 가고 늙어갈수록 고집불통이 된다. 늙어서 미숙하고 고집불통인 사람은 주변 사람들에게 기피 인물이 되는 것을 피할 수 없다. 젊은이들도 인격이 미숙하고 고집불통인 어른들을 따르지 않고 멀리하게 된다. 심지어 자녀들도 그런 고집불통인 늙은 부모를 부양하기를 꺼려하는 것이 현실이다.

사람이 살면서 가장 중요한 것은 자기 성찰이다. "내가 지금 성숙의 과정으로 가고 있는가?" 하는 자기 내면에 대한 지속적인 확인과 점검이 필요하다. 그런 수고가 없다면 그는 자기 성찰을 게을리하는 것이다. 그런 인생에는 답이 없다. 그의 결혼 생활 역시 답이 없다. 그의 노년은 어떻게 될까? 결코 행복하다고 말하기 어렵다. 그는 하나님이 우리에게 주시고자 하는 온갖 축복을 스스로 내팽개치고 사는 것이 된다.

우리의 인생살이와 결혼살이를 생각해 보자. 잘 살아가고 있는가? 정말 소중한 이들과 함께 행복하기 위해 자기 성찰이라는 마음 길을 걸어가보자.

△

○

○

○

건강한 자존감 배우기

사람은 태어난 존재 그 자체만으로도 소중하다. 왜냐 하면 하나님의 형상으로 지음받은 인간존재의 가치이 기 때문이다. 그래서 존재 자체만으로서 대우받을 때 사람은 행복하고, 반대로 자기 존재가 보잘것없게 취급 받을 때 상처받고 불행해진다. 그런데 우리 어린 시절 에는 부모님들이 이것을 잘 알지 못했다. 우리를 한 사 람 한 사람 개별적으로 인정해 주고 자신의 존재 자체 로 소중하게 인정해 주는 것이 절대적으로 필요하지만, 그것을 알고 정확히 설명해 주고 가르쳐 주는 부모는 그렇게 많지 않았다.

사람은 존재 자체만으로 존중받는 경험을 하지 못하 면 자존감이 낮아진다. 자존감이란, 자아 존중감을 말한다. 엄마나 아빠가 그 아이의 소중함을 알아주지 못하면 그 아이는 자존감이 낮아 어디를 가도 눈치를 보며 누구에게나 인정받고자 하는 욕구를 발산하게 되고 그 욕구는 점점 커져간다. 그래서 많은 경우 착한 아이 콤플렉스에 빠지거나, 자기 의견을 스스로 무시하는 자기비하로 가버린다.

이렇게 되면 그 삶에 크게 세 가지 문제가 발생하게 된다. 첫 번째로, 자기 자신을 존재만으로 수용하는 일에 실패하므로 자신감이 결여된다. 두 번째로, 다른 사람도 있는 모습 그대로 받아주지 못하므로 짜증과 분노가 많다. 마지막으로 이런 사람은 자기에게 찾아온 삶의 현실도 있는 그대로 수용하지 못한다. 그래서 자기비하, 짜증과 분노, 그리고 불평과 우울이 자신의 삶의 많은 부분을 잠식하여 깊은 불행감으로 시간을 채우게 된다.

그렇다면 이렇게 자존감이 낮은 인생이라도 그 삶에 회복과 대안이 있을 수 있을까? 그 대답은 '있다'다.

어릴 때 이런 문제로 상처를 받았어도 좋은 공동체를 만나면 상당히 회복될 수 있고, 자기 자신을 존재 그 자체로 소중히 여김을 받는 경험을 계속한다면 치유가 일어난다. 이것이 바로 복음이다. 하나님은 우리를 존재 자체로 소중히 여겨 주시고 또 받아 주신다. 복음을 깨달은 성숙한 공동체를 만나 그들로부터 지속적으로 복음을 통해 수용되는 경험을 하는 것이 매우 중요하다. 자신이 얼마나 소중한가를 공동체에서 경험하면 내면의 치유가 서서히 일어나고 그 삶에서 회복의 증거가 나타나기 시작한다. 그렇게 되면 자기 자신을 대할 때 넉넉함이 생긴다. 더불어 주변 이웃을 대할 때도 있는 그대로의 모습을 받아줄 수 있다. 그리고 결혼하여 배우자에게나 자녀를 키울 때 그들의 존재 자체를 소중히 받아주는 일도 가능해진다. 이렇게 될 때 건강한 가정으로 세워지게 되고 자기에게 찾아온 자기 삶의 환경과 현실도 있는 그대로 수용하게 된다.

존재 자체만으로 수용이 되는 경험은 우리가 평생 원하는 갈망이다. 내가 무엇을 잘 해서가 아니라 자신의 존재 자체만으로도 소중히 여김을 받고 인정된다는 것이 얼마나 감사한 일인지 모른다. 어릴 때부터 우리는 무슨 일이든지 잘해내야 한다는 압박을 느끼며 살아왔기 때문에 이 압박이 사라지는 경험은 사실 대단히 행복한 것이다. 결국 자신이 소중하게 수용됨으로 인하여 생긴 건강한 자존감으로 사는 것은 자신뿐만 아니라 가족 그리고 자신이 속한 공동체까지도 건강성과 행복감을 공급해 주는 비결이다. 이것만큼 놀라운 은혜는 없다.

△

당신의 마음을 들려줄래요?

Q1. 당신은 그동안 어떤 방식으로 인간관계를 맺었었나요? 당신이 가장 어려웠던 관계를 떠올려보고, 당신이 어떻게 반응했는지 생각해 보세요. 또한 관계의 문제들이 발생할 때 당신 안에서 노력할 수 있는 영역은 어느 부분일까요?

Q2. 당신이 관계 안에서 상대방의 결점을 언급할 때 어떤 마음의 태도로 표현했었나요? 그리고 당신은 자신의 결점을 직면할 준비가 되어 있나요? 직면 후, 당신이 먼저 변할 첫 걸음은 어떤 것일까요?
EX) 상대방이 한 말에 즉각적으로 부정하지 않고 끝까지 들어보기 등

"

Q3. 당신은 환대하는 사람인지, 냉대 혹은 학대의 경험을 해본 사람인지 스스로에게 질문해 본다면 어떤 사람인가요? 지금부터 당신의 환대가 필요한 사람은 누구일까요?

Q4. (당신이 결혼을 했다면) 결혼관계에서 서로에게 빚을 지고 있는 부분은 어떤 부분일지, (결혼하지 않았다면) 당신의 부모님의 모습을 통해서 어떤 빚을 지고 있는지 생각해 보고, 그것이 당신에게 미친 영향은 무엇일지 적어보세요.

"

당신의 마음을 들려줄래요?

Q5. 주변에 당신의 마음을 어둡게 한 위선과 위악의 모습을 띈 사람이
있었나요? 위선과 위악의 모습으로 사는 사람 안에도 상처와 피해
의식이 있다는 것을 알았고 가해자도 피해자였을 수 있다는 것을
생각해 볼 때, 이 주제를 통해 자신의 상처를 보듬을 수 있는 소망
의 메시지로 정리해 보세요.

Q6. 당신이 존재만으로도 수용된 경험 또는 조건 없는 사랑을 받아본
경험을 적어보세요. 당신이 속한 공동체(가정, 교회, 직장 등)는 건
강성과 행복감을 잘 공급해 주고 있나요?

말씀으로 어루만지기

보아라, 내가 문 밖에 서서 문을 두드리고 있다.

누구든지 내 음성을 듣고 문을 열면,

나는 그에게로 들어가서 그와 함께 먹고,

그는 나와 함께 먹을 것이다.

요한계시록 3장 20절

CHAPTER 3

≈ 여정

○

○

○

재난 영화의 주인공처럼

재난 영화라고 하면 브루스 윌리스가 주인공으로 나오는 유명한 할리우드 영화 <다이하드>를 떠올릴 것이다. 뉴욕 경찰인 존 맥클레인이 LA에 있는 아내를 만나러 갔다가 테러 사건에 휘말리게 되면서 테러범들을 일망타진하고 아내를 구출하는 내용으로, 전형적인 미국 할리우드 재난 영화다. 이 영화 속에서 테러범들이 주인공을 보며 계속해서 하는 말이 있다.

"저 놈, 맥클레인은 절대 안 죽어. 에잇!"

<다이하드> 뿐만 아니라 많은 재난 영화에는 항상 불굴의 주인공이 나온다. 그리고 그 재난 영화에는 갑자기 출구가 막혀 위험 상황에 빠신 넻 명의 무리가 있다. 영화가 끝날 무렵, 이 무리에는 극히 소수만 남고 대부

분의 많은 이들이 재난 상황에서 죽는다.

재난 영화에 나오는 캐릭터들은 보통 네 가지 모습으로 나타나는데, 선한 역할의 주인공, 가장 악한 역할을 하는 찌질한 악당, 그리고 순간순간 흔들리는 사람들, 또 재난이 시작되면 가장 먼저 멘탈이 붕괴되는 엑스트라가 그것이다. 그 중 위기 상황에서 그 엑스트라가 가장 먼저 죽는 장면이 나오는데, 가장 빨리 죽는 엑스트라가 늘 하는 말이 있다. 그는 멘탈이 이미 붕괴된 채로 이렇게 말한다.

"다 틀렸어, 우린 여기서 못 나가. 다 죽는다구!"

이런 말을 하는 엑스트라는 항상 맨 먼저 괴물에게 잡아 먹히거나 재난 앞에 손을 놓아 버린다.

나는 우리 인생이 재난 영화와 매우 비슷하다고 생각한다. 재난이라는 것은 언제, 누구에게 닥쳐올지 모른다. 또 다양한 형태의 재난 상황은 우리가 인생을 살다 보면 항상 어김없이 언젠가는 반드시 찾아오기 마련이다. 그래서 "인생은 재난 영화의 주인공처럼 살아야 하지 않을까"라고 생각하게 되었다.

재난 영화에서 주인공은 때때로 두렵고 떨리더라도 재난 또는 위기 상황이 왔을 때 이렇게 말한다.

"우리 여기서 다 같이 힘을 합쳐 출구를 찾아보자. 어딘가에 우리가 살 길이 있을 거야!"

주인공은 재난 앞에 단단한 마음을 가지고 강인한 신념으로 주변인들을 격려하며 두려워 떠는 이들을 위로한다. 이런 어려움 속에서도 격려와 위로를 발휘하는 것을 '휴머니티'라고 한다. 재난 영화에는 휴머니티가 있다. 그 재난 상황 가운데 어떻게 실의에 빠지지 않고 고통을 견디며 일어섰는지가 중요하고, 이런 인생 스토리는 대부분 의미가 있고 재미가 있다. 인생은 재난의 연속이며 이로 인해 우리는 일상을 상실할 때도 있다. 우리는 이미 크고 작은 재난을 헤쳐 왔고 재난은 앞으로도 계속 다가올 것이다.

우리가 재난을 피할 수 없다면 인생을 재난 영화의 주인공처럼 살아보는 것이 어떨까? 우리 인생은 실패할 때도 무너질 때도 낙심할 때도 있다. 하지만 <다이하드>의 주인공 맥클레인처럼 "도대체 쟤는 왜 안 죽지?"라는 말을 들으며 살아가는 것, 이것이 주인공의 길이다. 재난 영화의 주인공은 영화가 끝날 때까지 죽는 법이 없다. 그 주인공은 고군분투하며 끝까지 살아 남아 한 층 더 성장한 모습으로 새로운 미래를 살아간다.

≈

○

○

○

재난 영화의 주인공처럼 살기 위한 네 가지

인생 60을 넘어 깨달은 네 가지 인생철학이 있다.

첫 번째로, 휴머니티 견지하기이다. 이것은 재난 영화의 주인공처럼 주변을 격려하고 위로하며 살기이다. 인생은 재난의 연속이며 박탈감과 상실감이 계속해서 찾아온다. 앞으로 나아갈 길이 막혔을 때 끝까지 포기하지 않고 찾아가는 것이 중요하다.

앞에서도 다룬 것처럼 할리우드 재난 영화의 인물들은 멋진(혹은 시간이 지날수록 점점 멋있어지는) 주인공과 찌질한 엑스트라로, 캐릭터 성향이 상반되는 모습을 보인다. 가장 먼저 괴물에게 잡혀 죽는 엑스트라는 허둥대고 "우리는 이제 다 죽었다"라며 가장 먼저 자포자기하는 모습을 보인다. 반면에 재난 영화의 주인공은 비록 두렵고 힘들지만 어딘가에 출구가 있을 것이기에 모두 끝까지 출구를 찾아보자며 적극적으로 위기를 돌파해 낸다. 그래서 결국 자기도 살고 남은 모두를 살리게 된다.

두 번째로, 임상적으로 살기다. 이것은 모든 일을 유연하게 접근하기다. 무슨 일이든 성급하게 극단적으로 판단하지 말고 임상적 마인드로 생각해 보는 것이다. 살다 보면 일이 안 될 때가 많은데 그때 "나는 실패다, 끝이다"라고 생각하지 말고, 어떻게 해서 왜 이런 상황이 되었는지, 과연 무엇이 문제였는지를 살펴보고 고민해 보는 것이 필요하다. 이렇게 자기 삶을 임상적으로 관찰하여 사는 것이 자기 내면에 유연성을 갖게 하는 것이다. 그래야 인생길을 중간에 포기하지 않고 끝까지 갈 수 있다.

세 번째로, 주님 의지하기다. 이것은 매사에 끝까지 믿음으로 살아가는 것을 뜻한다. 인생을 자기 힘으로 살아가다 보면 인간은 누구나 교만과 탐욕과 조급함에 빠진다. 그런 경우 자신이 원하는 방향과 생각한대로 안 될 때 공허함을 피할 수 없다. 그래서 무언가 잘 안되면 대부분 냉소주의와 허무주의에 빠져버리게 된다.

일이 잘 안 될 때 주님을 의지하는 마인드가 필요하고, 반대로 잘 나갈 때 역시 주님을 더욱 의지하는 것이 요구된다. 매사에 끝까지 주님을 의지하는 것이 강인한 믿음이다. 잘 된다고 마음이 교만해지거나 잘 안 된다고 내면에 허무주의와 냉소주의로 빠지게 되면 그 인생과 일상은 매너리즘에 깊이 빠지게 된다. 매너리즘에 빠지면 인생은 지루하고 멋이 없어진다.

네 번째로, 주님의 상 바라보기다. 마지막 날에 주님이 상 주시기를 바라보며 살기다. 인생은 마지막 날이 반드시 오며 인생 끝 날 그 전까지는 아무도 자신할 수 없으며 착하고 신실한 종이 상급을 받게 된다. 도중에 포기하거나 교만 또는 냉소주의에 빠진 사람은 신실함을 잃어버린 사람이다. 주님은 끝까지 믿음으로 살고 끝까지 신실함을 지킨 자를 남은 자라고 하신다. 좁은 문, 좁은 길로 가는 사람이라고 하신다. 그에게 생명의 면류관을 씌워 주실 것이다. 마지막 날, 주님으로부터 상 받으면 그 인생은 승리한 것이다. 그날이 올 때까지 매일매일 신실함을 잃지 않고 믿음으로 걸어가야 한다.

≈

○

○

○

영혼(영적)의 우울증

성도에게도 영혼의 깊은 밤이 찾아올 때가 있다. 이것을 '영적 침체Spiritual Depression'라고도 한다. 영혼의 우울증 상태가 올 때 구약성경에 나오는 고라 자손은 레위 지파로서 하나님께 드리는 찬양을 담당하는 직무를 맡은 자들이다. 이들로 하나님 앞에 자신의 낙심과 불안과 우울감을 토로한다. 경건한 성도라 해도 마음과 영혼에 우울함이 찾아오거나 낙담이 찾아오는 것을 피할 수 없다.

여기서 '영적 우울증'과 '심리적 우울증'의 차이점을 알아본다면 먼저 영적 우울증이란, 하나님을 믿는 믿음이 있었음에도 하나님이 안 계신 것처럼 느껴지고 멀리 있고 자신에게 관심이 없는 것처럼 느껴지는 것을 뜻한다. 심리적 우울증이란, 일반적으로 하나님과 관계

없이 자신의 자존감이 극히 낮아지고 무기력해진 상태에 나타난다.

영적 우울증의 회복은 하나님 앞에서 일어난다. 그러나 심리적 우울증은 심리적으로 치료를 받지 않으면 극단적인 선택으로 가는 경우도 있다. 큰 의미로 '영적 우울증' 안에 '심리적 우울증'이 들어가 있다고 볼 수 있으나, '심리적 우울증'은 '영적 우울증'을 동반하지 않는다.

사람에게 이런 영혼의 우울이 찾아오면 낙심과 우울함 속에서도 사슴이 시냇물을 찾는 것처럼 젖 먹던 힘을 다해 주님을 찾게 된다. 오랜 기근으로 인해 물이 흐르지 않고 말라버린 시냇물에서 목마른 사슴이 목을 축일 수 없어 헐떡이는 것과도 비슷한데, 이런 갈급한 상황이 신앙생활을 할 때에도 찾아오는 것이다. 앞에서도 언급했듯 이때 마치 하나님이 자신에게 모습을 감춰버린 것처럼 느껴지고, 전에는 하나님이 나와 함께하신다는 확신이 있었는데 이젠 어디론가 사라져버린 느낌이 들기도 한다.

게다가 시편 42편에서처럼 사람들은 조롱하듯이 말

한다. "지금 네 하나님이 어디 있냐?" "하나님이 너와 함께하신다면 네 상황이 왜 이렇게 되고 있냐?"고 비난한다. 자신이 하나님과 동행하는 증거를 보여주며 "내 삶에 하나님의 역사는 이거야!"라고 말해주고 싶은데, 도무지 그렇게 말할 거리를 찾을 수가 없다. 그래서 내 하나님은 도대체 지금 어디 계신 건가? 하는 회의가 든다. 이 우울은 "내 눈물이 주야로 내 음식이 되었도다"(시42:3)라고 시편 기자가 고백할 정도로 심각한 상태이다.

그는 예전에 자기 영혼이 감사로 충만했던 때를 회고한다. 영적으로 충만한 때가 있었지만 지금은 아닌 것이다. 그 옛적에 충만한 때를 기억하고 나니, 그의 마음은 몹시 상해서 "내 영혼아, 네가 어찌하여 낙망하며 불안해하는가?"(시42:11)라고 자신에게 소리 죽여 탄식하고 있다. 이것이 영혼의 우울증이다. 그러나 그는 하나님이 친히 찾아오셔서 자신을 도와주실 것을 갈망하면서 계속해서 하나님을 찬양한다.

여기에 바로 성도가 낙심해도 완전히 넘어지지 않는 비밀이 있다.

어떤 성도에게든지 영혼의 우울증이 찾아올 수 있다. 고립감과 소외감 그리고 실패감이 몰려온다. 이때 진정한 성도는 우울한 중에 하나님을 다시 찾고 마침내 그를 찾아오시는 하나님을 만난다.

"저녁에는 울음이 깃들일지라도 아침에는 기쁨이 오리로다!" (시30:5)

바로 이것이다. 영혼의 우울증은 계속되는 것이 아니다. 하나님은 끝까지 숨어 계시는 분이 아니기 때문이다. 하나님의 임재가 사라진 상황은 일시적일 뿐이며, 바로 그때가 참된 성도에게 믿음의 근력이 자라는 시간이다. 그는 오래 참고 견디면서 하나님을 찾으며 믿음이 자라난다. 그래서 **영혼의 우울증은 더 건강한 영혼을 위하여 잠시 찾아오는 것이다.** 영적 우울증에 잘 들어갔다 나오면 깊이 있는 신앙으로 들어가는 길을 갈 수 있다. 암흑기의 시간들을 잘 거쳐가면 하나님에 대한 깊은 신뢰와 성숙의 길로 나아가는 기회가 된다.

이처럼 영혼의 우울증이 올 때 두려움 속에 빠져 고통스럽지만 거기에 함몰되기 보다 하나님을 더 찾고 ✝하는 시간으로 삼는다면 주님을 더 깊이 만날 것이다.

≈

○

○

○

성도의 인생 연단의 법칙

우리 인생에 재난이나 환난은 대부분 징계와 연단의 두 종류로 나눌 수 있다. 먼저 우리 죄와 허물로 인하여 하나님이 주시는 환난은 '징계'라고 하고, 또 하나는 우리가 지은 죄와 허물과 관계없는 환난을 '연단'이라고 한다. 그러므로 환난이 내 삶에 올 때 이 두 가지를 구분할 줄 알면 어느 정도 대처가 가능하다.

인생의 어려움이 징계라고 여겨진다면 자신의 죄악과 불순종으로 인한 것으로 하나님 앞에 나아가 납작 엎드려 회개해야 한다. 하지만 환난이 왔는데 나의 명백한 불순종의 결과로 온 것이 아니라고 생각되면 그것은 연단이다. 이것이 연단이라고 여겨지면 그때부터 어떻게 해야 할까? 그때는 하나님 앞에서 이 환난을 믿음으로 견뎌내고 버텨내는 과정이 주어지는데, 여기서 도망갈 것인가 아니면 견뎌낼 것인가의 선택은 자신의 몫이다.

여기, 견뎌내고 버텨낸 다윗의 예가 있다. 다윗의 경우 왕이 되기 전 사울에게 쫓기던 모든 환난의 시간이 연단이었다. 뭘 잘못해서 쫓기게 된 것이 아니기에 오롯이 믿음으로 하나님을 의지하고 견뎌내야 하는 시간이었다. 하나님이 우리 인생을 훈육하고 믿음을 연단하실 때 견디는 방법은 한 가지뿐이다. 하나님께 피하고 의지하고 부르짖으며 그 시간을 견뎌내는 것이다. 성도들은 하나님이 자신에게 "이제 됐다! 너는 합격이야! 연단은 이제 그만이다!" 하실 때까지 지금 소개할 하나님의 인생 연단의 법칙 세 단계를 기억하며 견뎌내면 좋겠다.

이 세 단계 중 첫 번째는, 계속해서 찾아오는 환난에도 연단의 끝은 있다는 것이다. 다윗은 10년 넘게 사울에게 쫓겨 다녔다. 이것이 도대체 언제 끝나는지 알 수 없었지만 아무튼 연단은 끝날 때가 반드시 온다는 것을 다윗의 삶을 통해 알 수 있다. 두 번째는, 연단의 시간에는 부르짖어야 한다는 것이다. 시편에 보면 다윗은 계속해서 주를 찾아 부르짖는다. 환난 때 다윗은 끝까지 주께 피하고 건져달라고 부르짖었다. 이것이 연단을 이기는 비결이다. 세 번째는, 연단의 시간에 피할 길을 그때그때 알려주신다는 것이다. 그래서 사울에게 여러 번 기회가 있었지만 끝내 다윗을 잡을 수 없었다. 하나님이 다윗의 부르짖음을 들으셨고 그때마다 다윗에게 피할 길을 내셨기 때문이다. 결국 다윗에 대한 하나님의 연단은 끝이 났다. 다윗은 끝까지 견디어 하나님께 인정받았다. 다윗을 괴롭히던 대적 사울은 때가 되어 죽었고 다윗은 이스라엘의 왕이 되었다.

그러므로 내 인생에 갑자기 환난이 찾아오면 가장 먼저 이것이 징계인지 연단인지를 구별해 보자. 징계이면 하나님 앞에 엎드리자. 자신의 불순종을 회개하자. 연단이면 하나님께 피하여 부르짖자. 그 시간을 믿음으로 견디자. 회개하면 징계가 끝난다. 견디면 연단도 끝난다. 하나님의 때가 되면 우리 믿음은 견고해지며 인생길은 열리고 풀린다.

≈

○

○

○

인생 한계 직면하기

젊을 때는 청년의 한계가 있고, 중년 이후에는 중년의 한계가 있다. 그리고 아마 노년에도 더 명확한 한계가 있을 것이다. 인생의 각 계절마다 그 한계를 깨닫고 인정하는 것이 중요한 것 같다. 우리는 평생을 살면서 어느 시점마다 한계에 부딪치고 그때마다 그 한계 상황에서 자신의 대처 능력과 지혜의 부족함을 경험한다.

그러면 그 시점에 우리는 무기력과 우울함을 겪게 되는데, 일단 우리의 인생 주기마다 느껴지는 한계 상황에서 그 한계를 인정하고 받아들인 후 그에 대한 대처법을 알고 사용하면 무기력과 우울증에서 빠져나올 수 있다. 이 인생 한계의 올무에 덜컥 걸리지 않는 것이 지혜라고 본다. 우울증의 올무는 한번 된통 걸리면 웬만해서는 거기서 헤어 나오기가 쉽지 않다.

젊을 때 청년의 한계는 무엇일까? 경험이 없다는 것이다. 경험이 없으면 인생의 큰 그림, 삶의 전체 원리를 그리기 어렵다. 그래서 인생이 무엇인지 잘 모르는 상태에서 달려갈 수밖에 없다. 균형 감각이 부족한 상태로 그냥 좌충우돌하면서 갈 수밖에 없다.

청년의 때는 이것을 인정하자. 그렇지 않으면 실패할 때마다 청년의 우울증에 빠진다. 경험이 없는 젊음의 시기인데 어떻게 다 알 수 있겠는가? 젊음의 시기에는 실수와 실패가 많이 있다. 이것을 받아들이고 성장하며 가는 것이 청년의 때다.

나이가 들어 중년에 이르러 느끼는 한계는 무엇일까? 대부분이 느끼는 것 중 하나가 자신이 생각한 만큼 큰 성취가 없다는 것이다. 젊을 때는 하면 된다고 생각했지만 세월이 흐르면서 해도 안 되는 것이 많다. 그래서 중년이 되면 필요한 것이 있는데, 그것은 이루고 싶은 것을 다 이루지 못했다 할지라도 지금 이만큼 해온 것을 기꺼이 받아들이는 것이다. 현실을 받아들이지 못하면 중년의 우울증에 빠지게 될 가능성이 높고 죽을 때까지 슬픈 인생이 되지 않을까?

 노년에 느끼는 한계는 무엇일까? 나의 경우는 아직 오지 않아 정확히 알 수는 없지만 많은 노년들의 모습을 보면서 느끼는 한계는 고립감, 잊힘 또는 쓸쓸함이 아닐까 싶다. 늙으면 사람들이 자신을 잘 찾지 않게 되고 힘이 없으면 잊히는 것이 세상의 이치라는 것을 깨달아야 한다. 그래서 사람이 은퇴하고 노년이 오면 점점 고독한 생활로 접어들게 되는 것이 현실이다. 이때 "왜 세상이, 사람들이, 나를 찾지 않지?" 이런 고립감과 회의감으로 자기를 다그치지 말아야 한다. 여기에 빠지게 되면 그것이 늙은이의 욕심이 되고 더 나아가 추하게 비쳐지기 때문이다. 이처럼 노년의 한계가 잊힘이라면, 이것을 받아들이며 주님 앞에 갈 준비를 해야 한다.
 노년이 될수록 더욱 영생에 대한 믿음을 가지는 것이 중요하다. 노년 이후에는 죽음이 찾아올 텐데 죽음 이후가 불안하면 잊힘의 쓸쓸함과 쓰라림에 끝없는 불안감이 몰려온다. 그래서 매일 말씀과 밀접하게 나아가며 노년의 쓸쓸함과 잊힘의 쓸쓸함이 아닌, 주님의 깊은 은총 가운데 더 풍성한 세계로 나아가는 시간으로 만들기를 권하고 싶다.

노년이란 이 땅에서의 삶을 잘 정리하고 영원한 천국으로 가는 준비를 하는 시기, 즉 이 죽음은 모두에게 반드시 찾아오는 영생의 한 과정임을 기억하자.

≈

○
○
○

인생은 사고투성이

중형 사고는 "큰일 났다"고 말하고, 작은 사고는 "신경 쓰인다"고 말한다. 이런 사고들은 우리 내면에도 크고 작게 발생한다. 내면에 터진 대형 사고는 '트라우마'라고 부르고, 내면에서 꼬이고 실타래같이 얽힌 사고 현장을 가리켜 '콤플렉스'라고 부른다.

예상치 못한 여러 가지 사고가 발생하기 전에는 항상 사고가 터지기 전에 반드시 신호가 먼저 온다. 이것이 이른바 '하인리히 법칙'이다. 하인리히 법칙이란, 건물 붕괴가 일어나기 전에 수십 번의 균열 징조가 있다는 것을 말한다.

인생에도 이렇게 사고가 발생하기 전에 이상 신호를 감지하는 것이 중요하다. 그리고 사고가 발생한 이후에 왜 이런 일이 일어났는지 살펴보는 것이 중요하다.

　사고가 발생하기 전에 발견되는 이상 신호를 감지할 수 있는 현상이 바로 우리 삶에 나타나는 과민 증상이다. 과민 증상이란, 어떤 특정 상황에 노출되면 나도 모르게 순간적으로 감정이 격해지는데 그 상황을 자기가 인지하지도 못하고 통제하기도 어려운 경우를 의미한다. 이것을 심리학에서는 '전이'라고 하는데 어린 시절이나 지난 날, 자신이 겪었던 어떤 사건에 특정 감정이 붙어 있다가 오늘 자신이 겪은 이 상황이 그때 그 사건과 유사하다고 느껴지면 곧바로 튀어나오는 '그때의 감정'이다. 자신의 과민 증상이 무엇인지 가까운 지인들은 이미 알고 있을 가능성이 높으니, 배우자나 친한 친구들에게 물어보자. 그런 후, 스스로를 돌아보며 왜 이런 과민 증상이 나오는지를 인지하고 통제하는 법을 익히자. 이것으로 인생의 크고 작은 사고를 예방할 수 있다.

　인생의 사고들이 터졌을 때 사후 대처 방법은, 사고의

원인을 되짚어보는 것이다. 사고의 원인을 되짚어보는 것은 소 잃고 외양간 고치는 작업이다. 소를 한 마리도 잃지 않은 상태에서 외양간을 고치면 가장 좋겠지만 대부분의 경우 그렇게까지 완벽한 인생은 없다. 그래도 인생의 지혜라 할 수 있는 것은 소를 잃은 뒤 외양간의 어디에 문제가 있는지 발견하여 수리 작업에 들어가는 데에 있다. 소 한 마리 잃고 외양간을 고친다면 그 인생은 대단히 성공적이다.

그런데 사실상 이 사고의 원인을 되새겨 보는 작업도 역시 우리의 과민 증상이 무엇인지 깨달아 가는 과정이다. 항상 인생의 대형 사고는 이전의 여러 가지 잦은 사고가 발생한 이후의 대처법이 미숙했던 것에 기인하기도 한다. 때문에 자신이 어떤 상황에 가장 과민하게 반응하고 균형 감각을 잃어버리는지 그것을 찾아내는 것이 사고의 원인을 되새겨 보는 것이다. 이렇게 하는 것은 인생을 지혜롭게 살아내는 한 방법이기도 하다.

≈

○
○
○

인생의 고통 앞에 선 자신에게

인생을 돌아보면 크게 두 그래프가 그려진다. 그것은 '상실'과 '선물'이라는 그래프다. 이 두 가지는 우리가 미처 상상할 수도, 미리 예측할 수도 없는 모양으로 우리에게 랜덤으로 다가온다.

우리가 인생을 살아가면서 견디기 어려운 고비가 여러 번 있는데 이것이 상실이다. 하지만 그때마다 주님은 선물같이 길을 열어주신다. 상실만 있으면 인생이 쓰리고 아파서 살기가 힘들지만, 또 적절한 선물도 내려주신다.

내 인생에는 10대에 큰 상실을 겪었다. 초등학교 4학년 때 어머니가 하늘나라로 가셨다. 한참 어린 나이에도 불구하고 엄마를 잃는 큰 상실을 겪었다. 그때 참 외롭고 힘들었다. 어찌해야 할 바를 알지 못하고 혼자 방황하며 헤매었다. 공부도 하기 싫어서 중학교 시절부터 영어와 수학을 다 포기할 정도였다. 하지만 주님은 교회라는 공동체를 선물로 주셨고, 외롭고 배고픈 나는 교회가 참 좋았다. 교회가 어린 내 삶에 가장 즐거운 곳이 되고 그때 하나님은 교회 공동체를 통하여 나를 따뜻하게 품어주셨다.

다행히 20대에는 큰 상실 없이, 하나님은 감사하게 세 가지 선물을 주셨다. 대학생 때 거듭난 신앙을 갖게 해주셨고 신학생 때는 개혁신학과 성경을 연구하는 기쁨을 주셨다. 그리고 거기서 아내를 만나 결혼하고 따뜻한 가정을 이루도록 허락해 주셨다. 10대의 상실을 회복해 주는 20대의 선물이 컸다고 믿는다.

30대에는 상실과 선물이 동시에 씨줄과 날줄처럼 엮여서 찾아왔다. 이때 겪은 상실은, 영국에서 9년에 걸친 유학 생활을 하며 그곳 교회에서 쫓겨나 보기도 하고 또 가난한 유학 생활을 보내면서 학문과 인생의 연단이 이어졌다. 하지만 돌아보면 이런 연단과 동시에 선물이 있었다. 정말 멋지고 성숙한 크리스천들을 직접 만나보는 경험을 주셨다. 성경적으로 인격이 장착된 크리스천의 삶을 보면서 그분들을 몸으로 경험하게 하셨다.

40대는 내 인생 가장 큰 상실의 고비였다. 귀국과 5년간의 부목사 시절, 최대 난코스가 아니었나 싶다. 오해와 비방과 비난, 그리고 고립과 연단이 이어졌다. 냉소주의와 매너리즘, 이것들과 치열하게 싸웠다. 그래도 힘껏 견디었더니 아담한 교회를 개척하는 선물이 찾아왔다.

그리고 50대, 깊은 상실이 있었다. 그것은 온몸으로 목양하며 키워낸 제자들이 떠나간 일이다. 하지만 주님은 예쁘고 멋진 예배당을 선물로 주셨다. 그리고 50대 후반에 상담심리라는 공부를 하고, 신학과 목회 이외에 전공을 하나 더 갖게 해주셨다. 앞으로 목회에서 더 깊이 다루어야 할 중요한 주제를 알게 하셨다. 이것 또한 큰 선물이다.

이제 60을 넘었다. 조금씩 크고 작은 몸의 기관이 고장 나기 시작했다. 건강의 상실이 오고 있다. 하지만 인생과 목양이 무엇인지 생각이 넓어지며 유연성과 탄력성이 선물처럼 찾아왔다. 돌아보면 인생은 상실과 선물의 연속이 아닌가 싶다. 앞으로 남은 나의 노년의 인생길에도 크고 작은 상실이 있을 것이다. 그래도 하나님은 동시에 나에게 예기치 않은 선물을 준비하고 계실 거라고 믿는다.

노년의 가장 큰 상실은 질병과 고립과 죽음과 이 땅과의 이별일 것이다. 그리고 가장 큰 선물은 주님을 다시 만나고 부활과 영생을 누리는 것이다. 인생을 돌아보면 우리에게는 상실이 많으나 결코 상실만 있지는 않다. 돌아보면 의외로 선물이 많다. 이것을 깨닫고 나면 제법 살 만한 인생을 누릴 수 있을 것이다.

우리 인생에서 이런 상실과 선물은 누구에게나 같이 온다. 씨줄과 날줄처럼 엮여 온다. 그러므로 어떤 상실을 경험할 때 너무 상실에만 함몰되지 않는 태도가 중요하다. 또 선물을 받을 때 그 선물의 감격에만 빠져 있지 않는 것도 필요하다.

상실의 시간에는 하나님을 바라보자. 선물의 시간에는 하나님께 감사하자. 상실의 시간에 주님을 바라보며 잘 견뎌내면 거기서 생각지도 않은 선물로 이어지는 경우가 대단히 많을 것이다. 하나님은 우리를 진심으로 사랑하시며 결코 우리 인생을 돌보실 때에 실수하거나 소외시키지 않으신다. 이 믿음으로 상실과 선물의 시간들을 맞이해 보자.

≈

○

○

○

인생의 고통 앞에 선 이들에게

인생을 살다 보면 무언가를 잃게 된다. 상실을 경험하는 것이 인생이다. 상실은 삶에서 고통이나 아픔을 동반한다. 그런데 이 상실의 고난을 경험하고 난 후의 사람은 놀랍게도 둘 중 하나의 상태로 갈리는 것 같다. 고통에 파묻혀 일어나지 못하거나 아니면 범사에 감사하며 내면이 단단해지는 것이다. 아픔과 상실은 모두에게 오지만, 그 결과는 매우 다르다.

시편 기자는 "고난이 자신에게 유익이 되었다"고 말했다. 상실의 고난을 겪으면서 인생뿐 아니라 하나님에 대해서도 새롭게 깨닫게 된 것이다. 그래서 상실을 겪으면서 그 믿음이 단단해지는 것이 성경적 신앙이다. 하지만 다 그렇지 않은 것이 현실이다. 상실의 고난을 소화하지 못하고 마음이 체하는 경우가 상당히 많은

데, 그런 경우 하나님을 원망하고 상처가 점점 깊어지기도 한다.

상실의 고난을 겪고 하나님께 가까이 나오는 사람이 있는 반면 하나님을 멀리하는 사람이 있다. 이 상실의 고난이 고통스럽고 아프지만 성장하는 사람, 아프면서 무너지는 사람이 있다. 이것은 고난 중에 누가 그렇게 하라고 알려주거나 강제로 길을 정해주는 것도 아니다. 온전히 고통 속에서 각자 스스로의 선택이다. 자신의 내면에서 고난을 소화해 내느냐? 고난에 걸려 체하고 마느냐? 이것이다. 그 이유는 각 개인마다 내면의 소화력과 마음의 용량이 다르기 때문이다.

그래서 인생은 참으로 아이러니하다. 한 사람이 고통과 아픔 그리고 상실을 경험하지 않고서는 우리의 일상, 곧 성경이 말하는 범사가 얼마나 소중한 것인지 알기 어렵다. 그래서 고난을 경험하는 것은 범사에 감사하는 인생이 되는 필수 코스에 해당한다.

그런데 이 고난으로 고통을 겪고 감사가 아니라 절망으로 빠지는 경우가 더 많은 것 같다. 인생은 넋 놓고

가만히 있으면 어디로 떠밀려 가는지 알 수 없다.

인생에서 아픔과 상실의 경험을 만나면 자신이 이것을 소화할 수 있는지 들여다봐야 한다. 심리적인 위장이 취약하여 그것을 소화할 수 없으면 몸이나 마음에 병이 찾아온다. 자신의 마음이 체한 상태가 되어 너무나 삶이 버거우면 자신을 도와줄 누군가를 꼭 찾아가야 한다. "그냥 참자" 하며 꾹 참아버린다고 해결되는 것이 아니라 시간이 흘러도 여전히 해결되지 않는 무의식의 영역이 있다. 그러다 결국 우울증이나 공황장애가 찾아오고 일상이 힘들어지게 된다. 이런 아픔과 상실이 주는 고통스러운 경험에 파묻힌 채로 방치하면 더욱 좌절 속으로 들어가게 되고 그곳에서 헤어나지 못할 수 있다.

지금, 용기를 내어 고통 앞에 서 있는 당신의 손을 잡아줄 이를 찾아가 보자.

≈

○

○

○

인생 항해와 평형수

60년을 넘게 살아본 지금까지 내가 느끼는 인생이란, 거친 먼 바다를 항해하는 것과 같다. 먼 바다를 항해하는 선장이라면 거친 먼 바다로 배를 몰고 가면서 두 가지를 알고 있을 것이다. 첫 번째로, 거친 먼 바다에는 크고 작은 풍랑이 온다는 사실이고 두 번째로, 잘 헤쳐나가면 크고 작은 풍랑이 지나간다는 사실이다.

잘 알 듯이 항해하는 배의 밑창 안쪽에는 그 배가 바닷물에 잠기는 만큼 평형수를 채워 놓는다. 평형수를 그렇게 배 안쪽 하부에 채워 놓는 이유는 배가 바다를 항해할 때 끊임없이 출렁이는 풍랑과 쉴 새 없이 오는 파도를 견디게 하기 위해서이다. 거친 풍랑은 배를 좌우로 흔들리게 한다. 그럴 때 평형수는 배가 어느 쪽으로 기울든 다시 정상으로 돌아오게 하는 복원 역할을 한다. 배의 복원력은 바로 평형수에서 나오는 것이다. 그러므로 만약에 배 밑창에서 무게가 나간다고 평형수를 줄여버리거나 빼버린다면 그 배에서 기울었다가 돌아오는 복원력이 사라지게 된다. 그렇게 되면 파도에 출렁이고 심히 흔들리다가 배가 바다에 빠지거나 파선하게 된다.

이렇듯 인생을 살아가다 보면 여기저기 크고 작은 풍랑에 흔들리지 않을 수 없다. 그러므로 문제는 평형수를 충분히 채워 넣었는가의 여부다.

인생은 바다 항해와 같아서 크고 작은 재난이 찾아올 때에 우리는 파도에 배가 이리저리 기우는 것처럼 놀라고 두려워하며 때론 충격을 받은 채 박탈감과 상실감에 허둥대기도 한다. 그래서 인생의 바다에서의 문제는 **내면의 평형수**다. 이 내면에 평형수가 적절히 채워진 사람은 재난의 풍랑을 만나 휘청거리고 흔들린다 해도 곧바로 자기 삶의 복원력을 평형수가 가진 복원력에 따라 중심을 되찾고 회복한다.

우리네 인생은 거센 파도에 흔들리는 재난 상황과 다를 바가 없다. 배가 이리저리 기울고 마구 흔들린다. 이때 두 가지를 기억하는 것이 좋다. 여기가 인생의 바다라는 것과, 이런 풍랑은 늘 온다는 사실이다. 자신의 삶에 풍랑이 올 때 왜 이리도 풍랑이 자주 찾아오는지 고민하는 데 너무 시간을 빼앗기지 않았으면 좋겠다. 자신의 삶이 "왜 이렇게 흔들리고 출렁이는지 도무지 모르겠다"며 불평하고 싶을 때도 있겠지만, 때가 되면 받아들일 수 있는 여유가 생길 것이다. 여기가 인생의 바다라는 것을 인식하고 거친 먼 바다를 향해 우리는 항해 중임을 기억하면 좋겠다.

여기서 중요한 것은 평형수다. 배에 평형수를 채워 놓는 일은 우리의 내면 깊은 곳에 하나님의 말씀을 부어 넣는 일이다. 매일 자신을 안전하게 지켜주시는 주님의 말씀이 적절히 채워져 있는지를 확인하고 그분의 약속을 기억하는 것이다.

"세상에서는 너희가 환난을 당하나 담대하라"(요 16:33)

"내가 세상 끝날까지 너희와 항상 함께 있으리라"(마 28:20)

이렇게 약속하셨다. 인생 항해는 출렁이는 파도와 풍랑이 너무나 자연스럽다. 왜 이리 흔들리는가 생각할 것이 아니라, 내 깊은 곳에 평형수가 충분히 채워져 있는가를 들여다보자. 이것이 흔들리고 출렁이는 인생이라는 바다 항해의 지혜이고 은혜이다.

≈

당신의 마음을 들려줄래요?

Q1. 당신의 인생에서 거친 파도의 시기는 언제였고 그 때 당신이 느꼈던 생각이나 감정은 어땠나요?

Q2. 당신이 과거 혹은 지금 고난이라고 생각되는 것이 하나님의 징계였을지 연단이었을지 되돌아보고 자신이 어떤 신앙의 태도를 택하면 좋을지 생각해 보세요. 그 고난 끝에 하나님이 주신 피할 길과 자비를 생각해 보세요. 시편 기자는 '고난이 유익이 되었다'라고 고백했는데 당신에게도 고난이 유익이 된 경험이 있었다면 적어보세요.

"

Q3. 당신이 신앙 생활을 하면서 어떤 영혼의 우울감을 느껴보셨나요? 혹여 지금 영혼의 우울감 속에 있다 할지라도 이 경험을 통해서 당신이 낙심하지 않아도 될 이유는 무엇일까요?

Q4. 당신의 마음이 어떤 상황에서 주로 많이 흔들리나요? 흔들리는 이유는 평형수의 부족이라고 한 저자의 말처럼, 자신의 내면 깊은 곳에 부족한 평형수(하나님의 말씀)를 부어넣기 위해 당신이 실천할 수 있는 방법은 어떤 것일까요?

"

말씀으로 어루만지기

- 읽고 묵상해 보기 -

주님, 내 기도를 들어 주십시오.

내 부르짖음에 귀를 기울여 주십시오.

내 눈물을 보시고, 잠잠히 계시지 말아 주십시오.

나 또한 조상처럼 떠돌면서

주님과 더불어 살아가는 나그네이기 때문입니다.

여호와여 나의 기도를 들으시며

나의 부르짖음에 귀를 기울이소서

내가 눈물 흘릴 때에 잠잠하지 마옵소서.

나는 주와 함께 있는 나그네이며

나의 모든 조상들처럼 떠도나이다.

숨 한 번 돌릴 수 있도록, 내가 떠나 없어지기 전에,

내게서 눈길 한 번만 돌려주십시오.

주는 나를 용서하사

내가 떠나 없어지기 전에 나의 건강을 회복시키소서.

시편 39편 12-13절

CHAPTER 4

성숙

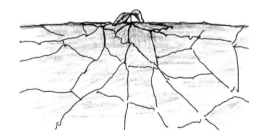

○

○

○

치유와 회복은 통합적으로

한 사람의 회복은 통합적으로 일어나야 한다. 적어도 네 가지 차원으로 돌보아 주면 멋진 회복이 이루어진다. 그것은 한 사람을 놓고 신체적, 심리적, 사회적, 거기에다 영적 돌봄으로까지 더해주는 것이다. 한 사람에게 네 가지 차원의 돌봄이 이루어진다면 그 사람의 인생 전체가 전인적으로 치유되어 그는 온전히 회복되고 건강하고 성숙한 삶을 누릴 수 있게 된다. 이렇게 되면 자기 삶에서 마음이 불필요하게 얽매인 상태로부터 해방되고 그 삶에서 원치 않게 튀어나오는 과민하고 부적절한 반응이 효과적으로 통제되어 상당히 균형 잡힌 삶을 누릴 수 있게 된다.

통합적인 치유와 회복을 위한 첫 번째 돌봄은 신체적

돌봄이다. 사람에게 있어서 몸의 건강은 가장 기초적인 접근이다. 신체적 돌봄이란, 그 사람의 바이오리듬이 원활하게 작동하도록 도와주는 것이다. 사람은 자기가 무엇을 하고 어떤 시간을 보낼 때 자기 몸의 에너지가 충전되는지 그 경로를 알고 있어야 한다. 누구에게나 동일한 경로가 적용되는 것은 아니며 특히 자기만의 충전 방법이 있다. 그러므로 자신에게 가장 편안한 사람들과 함께 좋은 시간을 보내거나 산과 바다, 호수와 같은 자연 속에서 수다를 떨거나 등산과 같은 레저 활동 혹은 영화 등의 취미 활동을 즐기는 것들 모두가 신체적 돌봄이다.

두 번째는 심리적 돌봄이다. 이것은 내면을 들여다보는 탐구와 같은 것인데 '상담' 또는 '심리 치료' 라고도 한다. 사람은 어린 시절에 충격적인 부정적 경험이나 성장 환경에서 상처를 받는 일이 생기면 내면에 콤플렉스가 형성된다. 이 콤플렉스나 트라우마가 마음에 존재할 경우 그가 인지하지 못하는 얽매임 속에서 자기도 모르는 과민 반응이 나온다. 이것은 마치 정리가 안 된 거실이나 주방처럼 흐트러져 있다. 심리적 돌봄은 그의 복잡한 내면의 깊은 곳으로 상담자와 함께 들어가 보는 것이다. 자신이 살면서 과민한 반응을 어떻게, 왜 보였는지를 깨닫고 질문을 통해 알아가는 일이다. 심리적 돌봄이 잘 이루어지면 과민 반응에 대한 자기 성찰이 이루어지고 적절한 대처를 할 수 있다.

세 번째는 사회적 돌봄이다. 이것은 의미 있는 일에 자신의 에너지를 누군가와 함께 쏟아붓는 것이다. 마음이 맞는 사람들과 함께 누군가를 돕고 섬기는 일은 공동체 활동에 해당된다. 이것이 자원봉사일 수도 있고 어떤 경우는 비즈니스 같은 영리 활동일 수도 있다. 사람은 자신의 에너지가 건강하게 쓰일 때 보람을 느끼므로, 그 일에 흥미를 가지고 임하다 보면 그의 삶에 생기와 열정이 솟아나는 것이다.

네 번째는 영적 돌봄이다. 이것은 자기 자신을 사랑하시는 창조주이자 구원자되신 하나님과 만나는 시간이다. 혼자서 말씀을 읽고 기도하는 개인 경건의 시간이 있고, 다른 이들과 함께 하나님을 만나는 예배와 교제의 시간도 있다. 각 시간마다 하나님이 자신을 얼마나 사랑하시고 존귀하게 생각하시는지, 나의 있는 모습 그대로 받아주시고 얼마나 의미 있게 여겨주시는지를 경험하는 하나님과의 인격적인 교제가 되어 비로소 자신의 영혼이 새로워지는 것을 경험하게 된다.

대개 우리가 좋은 교회를 만나면 대부분 신체적, 사회적, 영적 돌봄의 세 가지가 가능하게 된다. 여기에 우리가 상담을 통하여 심리적 돌봄까지 동반되면 그는 정신적으로 아주 건강해지는 것을 경험한다. 이것이 한 사람의 통합적 치유와 전인적 회복이라고 할 수 있다. 이렇게 네 가지 통합적인 차원으로 돌봄을 받게 되면 그 사람의 근본적인 마음과 영혼이 회복을 경험하게 된다. 상처로 인한 감정의 얽매임에서 해방되어 자유로워진다. 과민하고 부적절한 대응에서 벗어나 어떤 상황에서도 안정되고 책임 있는 사람으로 살아가는 것이 가능해진다.

이처럼 통합적 치유와 전인적 회복을 맛보아 삶의 질

이 높아진 사람은 마침내 그 주변에 영향력 있는 삶을
살게 된다.

○

○

○

○

얻은 것으로 잃은 것을 어루만지기

우리는 살면서 잃는 경험을 한다. 코로나로 인해 우리는 일상의 만남을 잃었었고 즐겁고 의미 있는 모임도 잃었었다. 또 나이가 들면 젊음을 잃는다. 자랑했던 건강도 잃게 되는 일이 있고, 사랑하는 사람을 떠나보내는 일도 있다. 사업이나 투자를 하다가 재산과 물질을 잃을 때도 있다.

상실은 아픔이고 고통이다. 잃는다는 것은 빼앗긴다는 것이다. 내 것을 빼앗기는 박탈감의 느낌은 무엇으로도 대체할 수가 없다.

하지만 인생을 살면서 상실의 아픔을 이겨내는 비결이 있는데, 그것은 자신이 잃은 것보다 큰 것을 얻었다는 확신이 있을 때다. 상실보다 획득이 더 많으면 견딜 만한 것이다. 얻은 것으로 잃은 것을 어루만질 수 있으면 상실에서 치유된다.

물질을 잃고 나서 어려워지면 비로소 진정한 친구가 누구인지 알게 된다. 건강을 잃고 난 후 자신 곁에 있는 가족의 소중함을 알게 되는 경우도 있다. 또 권력을 잃고 나서야 진정한 자유를 누리기 시작하며 인생의 짐을 내려놓을 수 있다. 그렇게 자신의 삶의 목표였던 그 자리를 어느 날 잃고 난 이후에 문득 인생의 참된 의미에 눈이 열리는 경우가 많다.

그러니 인생에서 무언가를 잃었을 때 여기서 얻는 것이 무엇일까를 생각해야 한다. 자기 인생에는 그저 잃는 것만 있다는 상실감과 박탈감으로 쓰러지지 말아야 한다. 오직 상실의 아픔과 고통만 있는 것이라며 쓰라림의 상처만 갖지 말아야 한다. 왜냐하면 인생에 상실만 있는 법은 없다. 하나님이 우리를 이토록 사랑하시는데 우리에게 상실만 주실 리가 없고 반드시 잃고 난 후에 얻을 것을 있게 하신다.

하나님은 의도적으로 상실감 속으로 들어가셨다. 독생자를 잃는 경험은 필수 불가결한 길이었다. 이 엄청난 상실을 경험했을 때 하나님은 과연 무엇으로 이겨내셨을까? 그것은 하나님 아버지의 독생자를 기꺼이 내어주심으로써 당신의 소중한 자녀들을 얻으리라는 확신이 있기 때문이었다.

"내 아들 예수를 잃고, 내 사랑하는 수많은 자녀들을 얻을 것이리라!"

이 확신을 붙잡고 갈 때 비로소 인생길에서 겪은 여러 가지 상실로부터 치유되는 길에 들어설 수 있다.

혹여 자신이 상실의 두려움에서 벗어나지 못하고 있다면, 아들을 완전히 잃어버린 하나님의 상실하심이 부활하신 예수 그리스도를 통해 우리를 완전한 치유의 길로 인도하셨다는 것을 기억하자.

얻은 것으로 잃은 것을 어루만지는 은혜, 이것을 기억하자.

○

○

○

결핍과 보상, 그리고 성숙

사람은 누구나 어린 시절에 결핍을 느끼게 되는데 어른이 되었을 때 그것에 대해 반드시 보상을 받으려고 한다. 어린 시절 어떤 종류의 결핍이 있었는가에 따라 어른이 되어도 그 특정한 부분에 대하여 보상을 받으려는 욕구가 매우 강하게 나타난다. 이것은 항상 좀 과하고 지나친 형태로 나타나는데 이를테면 결핍이란 배고픈 상태, 더 나아가 허기진 상태라고 말할 수 있다.

한 사람의 삶에 나타나는 지나친 보상 욕구 증상은 가장 가까운 사람이 감지하게 된다. 그래서 부부의 결혼 생활에서는 상당히 흥미로운 상황이 전개된다. 사람은 자기가 원하는 보상 욕구는 잘 모르지만, 오히려 상대방이 원하는 보상 욕구는 잘 알아차린다. 그래서 상대방의 삶에 뭔가 불균형이 발생한 경우 이것을 몸으로 느끼고 그것이 과하다는 느낌을 받게 되는 것이다.

그러므로 자신이 객관적으로 성숙하고 건강한 삶을 살려고 한다면 방법은 간단하다. 자신의 가까운 지인으로부터, 왜 그렇게까지 거기에 에너지를 쏟냐는 질문을 받으면 그 부분의 자기 모습을 한 번 들여다보는 것이 필요하다. 상대가 알고 질문할 때는 자신에게 과한 보상 욕구가 발동되었다는 것을 의미하기 때문이다. 즉, 살면서 이미 자신의 내면에 과한 보상 욕구가 작동되었기 때문에 상대가 자신에게 왜 말하고 있는지 눈치채야 한다.

그래서 이런 형태의 질문을 혹 배우자로부터 받으면 한번 곰곰이 생각해 보면 좋겠다.

첫째, 나는 이 부분에 왜 이렇게 과도한 열정과 열심을 갖고 에너지를 쏟아 내는가? 둘째, 나는 어린 시절에 어떤 부분에 결핍이 있어서 그것을 채우려고 애쓰는가? 셋째, 나의 삶에서 작동된 과한 보상 욕구로 인해 상대방이 어느 정도까지 불편해하는가?

이 세 가지를 들여다보고 결핍 부분을 발견할 수 있다면 내면이 치유될 수 있다. 과한 보상 욕구로 인한 문제를 가지고 상대방이 불편해하지 않도록, 자신의 삶에서 균형을 맞추어 갈 수 있다면 바로 그것이 성숙으로 가는 길이다. 그렇게 될 때 이 일로 인해 두 사람이 부부로서 더 단단한 하나가 되는 희망을 가질 수 있다.

○

○

○

부당한 억압에 대한 세 가지 반응:
강력 저항, 자기 억압, 나 몰라라.

사람들은 보통 부당한 억압에 대해 다음과 같은 세 가지 반응을 하게 된다. 첫 번째로, 강력 저항! 이런 반응은 내면이 살아 있고 자기 자아의 축이 튼튼히 세워진 상태다. 두 번째로, 자기 억압! 이런 억압의 반응은 상대와 주변의 눈치를 보고 강자에게는 굴복, 약자에게는 잔인하게 나타나는 상태다. 마지막으로, 나 몰라라! 이런 식으로 살게 되면 삶 전체가 냉소주의, 무관심, 무대응의 태도를 갖게 된다.

그렇다면 부당한 억압에 우리는 어떻게 반응하고 살아야 할까?

보통 어린 시절에는 어느 누구도 부당한 억압에 강력

하게 저항하는 일이 불가능하다. 그래서 우리는 대부분 자기 억압 혹은 나 몰라라 둘 중 하나를 택하게 된다. 우리는 자기 억압의 결과로 상대와 주변의 눈치를 보는 삶을 살거나, 아니면 웬만해서는 자기의 주요 관심사가 아닐 경우 무관심 쪽을 택하게 된다.

그렇게 성인이 된 우리는 대개 부당한 억압에 대해 자연스럽고 강력하게 저항하지 못한다. 그러므로 자기 내면을 세심히 살펴보는 성찰이 필요하며 자신이 얼마나 부당한 억압에 강력히 저항하지 못하고 있고 어떻게 자기 억압이나 나 몰라라 하는 삶으로 가게 되었는지를 돌아보는 것이 필요하다. 이것이 자기 성찰 작업이다. 혹 자신 스스로 지금도 자기 검열을 하면서 부당함에 저항하는 일을 스스로 막는 장치가 있지 않은가 살펴보고, 혹 자신이 부당함에 마땅히 저항해야 함에도 이건 나와 상관이 없다고 치부하며 그 상황에서 도망가는 습관이 생긴 것은 아닌지 살펴보자.

이 두 가지 내적 반응을 관찰해 보고, 그 사실에 놀라고 더 나아가 스스로 부끄러워하게 되면, 비로소 우리

내면에 부당한 억압에 대해 강하게 저항하는 근육이
생겨난다.

○

○
○
○

삶의 길이 막막할 때

길이 꽉 막혔다고 느낄 때가 있다. 어디로 가야 할지, 내가 어떻게 해야 할지 알 수 없을 때가 있다. 그런데 절망적일 때가 사실은 매우 좋은 때다. 왜냐하면 그때 가 하나님 앞으로 나가기에 더없이 좋은 때이기 때문이 다.

삶의 길이 닫혔고 길이 막히고 상황이 꼬인 그런 때, 사무엘상 2장에 나오는 한나의 기도를 알면 도움이 된 다. 사사 시대는 당시 모두가 영적으로 타락하여 내리 막길을 걸을 때였다. 한나는 개인적으로 태가 닫혀서 아기를 낳지 못하여 마음이 괴로웠다.

그런데 그녀는 그 상황에서 하나님께 나아가기로 마음먹는다. 그녀는 태가 닫혀 있는 상황에서 하나님께

태를 열어달라고 기도한다.

하나님은 닫기도 하시고 열기도 하신다!

하나님은 높이기도 하시고 낮추기도 하신다!

하나님은 죽이기도 하시고 살리기도 하신다!

하나님이 한나의 태를 열어주셨다. 아들 사무엘은 사사 시대 4백년을 끝내고 다윗 왕국을 높이 세우는 주역이 된다. 기도의 어머니 한나가 아들 사무엘의 그 모습을 볼 때 얼마나 든든하고 감사했을까! 삶이 막막할 때, 모든 일과 상황이 닫혔을 때 이런 한나의 기도가 필요하다.

하나님은 "너는 내게 부르짖으라 내가 네게 응답하겠고 네가 알지 못하는 크고 은밀한 일을 네게 보이리라"(렘33:3)고 하셨다. 우리의 길이 막힐 때 하나님께 부르짖으면 하나님이 어떤 방식으로 응답하시는지 우리는 경로를 다 알지 못한다. 그러나 믿음으로 엎드려 부르짖는 자는 누구나 놀라운 응답을 경험한다.

우리의 삶이 막막할 때 좋은 점 두 가지가 있다. 먼저는 믿음이 상승하게 된다는 것이다. 내 상황이 닫히면 하나님께 나아가 부르짖음으로 하나님 앞에 가까이 나가게 되고 자신의 믿음의 상승을 보게 된다.

또 하나는 기도의 응답이다. 한나의 기도를 배워보자. 하나님께 자신의 문제를 가져가 부르짖어 보자. 지금 당신의 삶의 길이 막혀 있고 답답하다면 어떻게 기도해야 할지 하나님께 먼저 여쭤보고 한나의 기도로 시작해 보자. 당신의 기도에 귀 기울여 주시는 하나님을 만날 것이다.

○

○

○

헛된 방황으로부터 유익한 삶으로

사람은 누구나 헛된 일을 할 수 있다. 그것은 인간의 어리석음 때문이다. 인간은 미숙하고 어리석기 때문에 헛된 일을 한 번도 해보지 않은 경우가 없다. 특히 어리고 젊을 때는 미숙하고 어리석음으로 인하여 대부분 헛된 일에 미혹되기 쉽다.

그런데 인생에서 헛된 일의 결과는 아주 쓰라리고 아프다. 솔로몬은 헛된 일을 추구한 결과 그것이 "바람을 잡으려는 것과 같다"(전2:17 현대인의 성경)고 말한다. 그래서 헛된 일을 한번 경험하고 나면 쓰라림의 고통을 받게 되는데 거기서 교훈을 얻고 깨닫는 것이 필요하다.

이 깨달음이 바로 지혜다. 이때 누군가의 도움을 받게 되면 소중한 지혜를 얻는다. 이 도움을 얻는 방법은 두 가지다. 자신이 미숙하여 헛된 일을 하고 쓰라린 경험을 하고 나면 인생의 지혜를 깨닫게 해주는 멘토를 찾는 것이다. 뜻이 있는 곳에 길이 있다고 했으니 자신에게 도움을 줄 수 있는 이들을 찾으려는 갈망이 크면 얼마든지 만날 수 있다.

인생의 지혜를 깨닫게 해주는 멘토를 어떻게 찾을 수 있을까? 첫 번째로, 많은 이들이 알고 있는 방법이기도 하지만 가장 귀하고 쉽게 찾을 수 있는 길이 좋은 책을 만나는 것이다. 가장 지혜로운 우리 인생의 멘토는 역사적으로 이미 입증된 분들의 책을 통해 찾아가면 된다. 두 번째로는 그 책에서 소개된 다른 책들과, 거기에 소개된 지혜로운 분들과의 만남을 추구하는 것이다. 자신이 개인적으로 만날 수 있는 멘토가 있으면 더없이 좋겠지만 개인적으로 만나기 어렵더라도 그분들의 책이나 저작 활동에 여러 가지로 참여할 수도 있다. 요즘에는 인터넷에 책에 관한 설명이나 강의도 많이 나와 있고, 또한 라이브 방송 등 적극적으로 참여한다면 좋은 멘토들을 만날 수 있을 것이다. 이렇게 누군가를 만나 미숙함을 벗어나고 지혜가 쌓이면 내면에서 깨달음이 일어나게 된다. 그렇게 되면 그는 인생길에서 헛된 방황으로부터 유익한 삶으로 돌이킬 수 있는 매우 좋은 기회를 얻은 것이다.

　그런데 헛된 일의 결과로 쓰라림을 경험한다고 해서 모두가 소중한 깨달음을 얻고 지혜를 발견하는 것은 아니다. 오히려 계속해서 헛된 일에 몰두하며 더욱 어리석은 인생으로 가게 되는 경우도 적지 않다. 이것은 누군가를 만나 자기의 어리석음을 교정할 기회를 만들지 못하고 차단하게 되는 상황이 되기도 한다. 이 때문에 헛된 일의 쓰라림이 소중한 깨달음으로 가는 지혜를 얻는다는 것은 쉽지 않은 일이며 얻는다면 감사한 일이다.

　깨달음을 얻지 못하는 것은 탐욕 때문인데, 인간에게는 에덴동산에서부터 탐욕이 심하게 작동되어 왔다. 탐욕이 그 인생을 이끌어 가면 아무리 헛된 일로 인한 쓰라린 결과를 겪어도 거기서 돌이키기가 매우 어렵다. 어리고 젊은 날에는 어리석음과 미숙함으로 헛된 일을 추구했다면, 성인이 되고 중년이 넘어서도 탐욕으로 인하여 헛된 삶을 포기하지 못한다. 이렇게 되면 그 인생은 이른바 소탐대실로 가는 일을 막을 수 없게 된다. 이렇게 사람이 계속해서 헛된 것을 탐닉하면 그 인생 전체가 뒤틀리고 망가진다. 혼돈과 공허와 어둠을 향하여 달려가고 자기에게 오는 모든 빛을 차단한다. 이것을 성경은 악인의 길이라고 한다. 시편 1편에서 "악인들의 길은 망하리로다!"라고 선언하고 있다. 인생은 모두가 미숙함과 어리석음으로 출발하기에 헛된 일을 하면서 살아가게 되어 있다. 때문에 인생에는 탐욕을 버리고 돌이키는 일이 함께 있어야 하며 탐욕을 버리고 자족의 삶을 살아가는 것이 지혜인 것이다. 이처럼 우리는 헛된 일의 결과를 받아들이고 깨달음과 지혜를 얻어야 한다.

구약성경에 사울이 어떻게 헛된 일을 추구하다가 악인의 길로 갔는지 살펴보자. 그는 자기 인생에서 미숙함과 어리석음을 돌이키는 계기가 몇 번이고 주어졌음에도 불구하고 헛된 일로부터 돌이켜 하나님의 지혜를 구하지 않았다. 그렇게 사울은 탐욕으로 인해 패망에

치닫는 삶을 살아 마지막에는 하나님이 사울의 집을 점점 쇠하게 하시고 그에게서 떠나셨다.

우리는 이 사실을 똑똑히 기억하며 헛된 방황으로부터 유익한 삶으로 나아가는 지혜의 길을 찾아가길 소망한다.

○

○

○

아직도 가야할 길과 거짓의 사람들

미국의 정신과 전문의이자 베스트셀러 작가인 M. 스캇 펙이 자기에게 상담을 받으러 온 수많은 환자들을 심리 치료하면서 펼쳐낸 두 권의 책이 있다. <아직도 가야 할 길>과 <거짓의 사람들>이다.

저자는 <아직도 가야 할 길>에서 인간의 정신적인 성숙을 얘기하는데, 그 길이 바로 '아직도 가야 할 길'이다. 우리 인생의 어린 시절에는 모두에게 다 미숙함이 있다. 젊은 시절도 마찬가지다. 이 책에 나온 '훈육'과 '사랑' 편을 보면 우리 모두는 자신의 미숙한 내면을 가지고 사는데 그 미숙함을 스스로 훈육하는 일을 하는가 그렇지 못한가에 따라 성숙으로 가는 길에 들어서거나 포기한다는 것이다. '셀프 훈육'을 시도하는 사람은 누군가를 건강하게 사랑하는 일이 가능해지고 반대로 이것이 미비한 사람은 자기 가족이나 주변 이웃에게 사랑을 건강하게 표현하는 데 서투르게 된다. 그러므로 어느 시점부터 M. 스캇 펙이 상세하게 알려주는 길, 성숙으로 가는 길에 들어서야 한다. 이것이 <아직도 가야 할 길>의 내용이다.

그런데 M. 스캇 펙은 정신적인 성숙으로 가는 사람들은 그리 많지 않고 그 길을 가기를 거부하고 멈칫거리는 사람들이 많다고 말한다. 즉, 성숙으로 가는 길을 거부하거나 포기하면 미숙한 사람이 된다는 것이다.

M. 스캇 펙의 두 번째 책 <거짓의 사람들>은 성숙을 향하여 가기를 포기한 사람들의 이야기다. '아직도 가야 할 길'은 바로 성숙을 향한 여정인데 이 길을 도외시해버릴 경우 세월이 흘러 그가 어른이 되고 부모가 되고 선생이 되고 지위가 높은 사람이 되면, 그는 미숙함을 넘어 사악함을 품은 사람이 될 가능성이 높아진다. 이때 사악함의 핵심으로, 거짓과 위선, 그리고 탐욕과 조작과 같은 가장 깊은 차원의 자기기만이 있다. 어린 시절에는 누군가에 의해 피해를 받았다고 느끼고 그

콤플렉스로 인해 피해 의식을 가지고 미숙한 모습으로 살지만, 그가 나이를 먹고 세월이 흐른 뒤에도 자신의 미숙함을 그대로 방치하게 될 경우 그 결과는 처음보다 훨씬 더 좋지 않은 모습이 되는 것이다.

이 성숙을 향한 여정을 시작하지 않거나 시작했다가 중단한 채 나이가 들고 어른이 되면 그가 원하든지 원치 않든지 사악함을 품은 사람이 되는데 이것이 '거짓의 사람'이다.

M. 스캇 펙의 두 권의 책은 우리가 하루라도 젊을 때 성숙을 향하여 날마다 꾸준히 걸어가야 한다는 점을 말해주고 있다. 그렇게 점점 성숙을 향하여 자기 성찰을 부지런히 해야 세월이 흘렀을 때 진실하고 책임 있는 사람이 되고, 부드럽고 온유한 인격을 가진 어른이 되는 것이다. 그래서 인생은 성숙으로 가든지 미숙하게 되든지 둘 중 하나의 길을 가는 것이다.

세월이 흐르면서 우리는 나이를 먹는 일을 아무도 중단할 수 없다. 그런데 우리들 중 누구라도 성숙으로 가는 길을 소홀히 하고 포기해버리면 그는 피할 수 없이 미숙한 어른이 될 수밖에 없다. 그리고 더 나아가 거짓의 사람까지 된다는 사실이 안타깝다. 나이 들고 늙어가는데 미숙하기까지 한다면, 이것만큼 민망한 장면은 없는 것 같다.

결국 우리는 아직도 가야 할 길, 즉 **성숙한 길**로 날마다 걸어가는 것이 필요하고 중요하다. 매일 내 마음의 길을 잘 들여다보자. 내가 지금 어디로 가고 있는가 끊임없이 성찰해 보자. 그렇게 매일 조금씩 성장하는 자기 모습을 통하여 주변을 이롭게 해보자. 그렇게 자기 자신이 보람 있는 삶을 살아갈 때 우리의 인생 여정은 성숙해지고 풍요로워질 것이다. 이것이 아직도 가야 할 길이며, 인생길을 진정성 있게 걸어가는 것이다.

○

○

○

인생, 늙음과 숙성

내 인생 이제 60이 갓 넘고 보니, 두 가지 특징이 나타나는 것 같다. 바로 '늙음'과 '숙성'이다. 늙음은 딱히 좋은 것이 아닌데 사람이 늙지 않고는 내면의 숙성도 그만큼 되지 않기 때문에 무조건 좋지 않다고도 할 수 없다. 하지만 늙어간다고 해서 다 숙성되는 것은 아니기에 나이만 먹고 속사람이 숙성되지 않은 채 그냥 겉사람만 늙어갈 수도 있다.

나에게 있어서 늙음은 40대 후반 때부터 진행된 것 같다. 40대의 아직 젊을 때 노안과 고혈압 증상으로 이상 신호가 왔다. 그래서 돋보기가 필요하게 되었고 고혈압이 올라가더니 메니에르병 증상인 이명증과 어지럼증이 시작되었다. 늙어감의 현상은 50대를 지나 60대를 넘으니 점점 여기저기 고장으로 나타났다. 허리,

무릎, 어깨, 관절이 시큰거리고, 기능이 저하되어가는 것이 느껴졌다.

세월이 흐르고 몸이 늙어가는 만큼 세상을 보는 눈도 인생을 보는 안목도 조금씩 숙성되어가는 것을 느낀다. 나는 30대 초부터 매일 성경을 묵상하고 해석하고 순종을 시도했고 지금은 그로부터 30년이 지났다. 40대부터 본격적으로 목양을 시작하면서 사람을 세우는 일에만 20년이 지나갔다. 50대 후반에 본격적으로 상담심리를 전공으로 공부하고 마음 길을 헤아리는 작업을 했다. 이제야 인생이 점점 명확해지고 정돈되어가는 것 같다.

늙어가면서 내면이 숙성되어 나만의 독특한 맛과 향기가 드러나는 인생에 대하여 정리한 몇 가지를 소개한다면,

삶의 열정을 갖되 느긋하게!

남의 실수에는 너그럽게!

지극히 작은 일에 충실하게!

성취보다는 자족으로!

주님께 감사하기와 이웃에게 위로하기!

비판보다 공감하기!

라고 할 수 있다. 이런 것들이 젊었을 때 나에게는 대단히 어려운 과제들이었다. 아무리 노력해도 잘 안 되어서 "나는 왜 이게 되지 않나" 고민하고 주님 앞에서 많이 씨름했다. 그런데 어느덧 시간이 흘러 나이가 들고 내면이 숙성되어가면서 이것이 되기 시작했다. 얼마나 좋은지 모른다. 지금도 여전히 씨름하고 있지만 이제는 작동이 비교적 잘 되는 것 같다.

바울 사도의 "겉사람은 낡아지나 우리의 속사람은 날로 새로워지도다!"(고후4:16)라는 말이 깨달아진다. '늙음'과 '숙성', 이것은 둘 다 시간이 걸리는 작업이다. 젊은데 숙성된다는 것도 이상한 일이다. 그런데 늙었는데 내면이 숙성되지 않은 것도 민망한 일이다. 그래서 이제는 늙어가는 것이 생각보다 그렇게 힘들게 느껴지지 않는다. 몸이 좀 불편한 것은 사실이지만 그것도 제법 견딜 만하다. 좀 더 늙어 노년이 되면 그때 더 정리해

보고 싶다.

 '겉 사람의 늙음'이 '속사람의 숙성'과 함께 오면 제법 괜찮은 것 같다. 혈기 왕성한 젊을 때의 불안함과 부딪힘으로 인해 오는 감정들로부터 자유로워졌음을 느낀다. 간혹 젊음이 부러울 때도 있지만, 숙성된 늙음도 아무 때나 얻기 어려운 것이기에 감사로 받아들이자.

여기, 시 한 편을 소개하고 싶다.

오래 살게 되어도
늙지는 마십시오.
우리가 태어나게 된
위대한 신비 앞에서
호기심으로 가득 찬
아이들처럼
살아가십시오.
– 알버트 아인슈타인

자신의 마음 쓰기
당신의 마음을 들려줄래요?

Q1. 당신의 어린 시절 가정의 모습은 어떠했나요?

Q2. 요즘 당신의 소중한 것을 잃고 하나님을 원망하거나 실망감을 느낀
   적이 있다면 어떤 사건이었나요?
   상실을 통해서 무언가를 더 크게 얻게 된 경험이 있나요?

"

Q3. 당신이 삶에서 반복적으로 후회하는 행동의 패턴을 찾아보세요. 본문에서 지적한 탐욕 등 당신이 후회하는 일과 어떻게 연결되어 있는지 생각해 보고, 내면의 근육을 강화하기 위해 생각의 습관을 바꾸는 문장을 적고 실제적으로 선언해 보세요.

Q4. 이제 자기 마음을 들여다보는 여정을 걸어온 내가, 과거의 나와 미래의 나, 더 나아가 주변에 있는 사람들과 함께 어떻게 걸어갈 수 있을까요?

"

말씀으로 어루만지기

- 읽고 묵상해 보기 -

그러므로 우리는 낙심하지 않습니다.

우리의 겉 사람은 낡아가나,

우리의 속사람은 나날이 새로워 갑니다.

고린도후서 4장 16절

◈ 저자의 추천 도서 ◈

1. 자기 돌봄

◊ 데이빗 A. 씨맨즈, 〈상한 감정의 치유〉, 두란노
◊ 김진, 〈마음에도 길이 있다〉, 창지사
◊ 고든 맥도날드, 〈내면세계의 질서와 영적 성장〉, IVP
◊ 팀 라헤이, 〈성령과 기질〉, 생명의말씀사

데이빗 씨맨즈의 책, <상한 감정의 치유>는 예수 믿는 성도
들이 하나님의 복음으로 어떻게 자기 내면을 들여다보고 치
유받을 수 있는지에 대해 다룬 친절하고 따뜻한 가이드라고
할 수 있다. 하나님은 우리를 치유하신다. 나는 너희를 치료하
는 하나님, 즉 여호와 라파의 하나님이시다. 예수님은 상처받
은 치유자이시다. 그리고 성령님은 말할 수 없는 탄식으로 우
리를 위하여 간구하신다. 그러므로 우리 인간의 내면의 상한
감정을 성령께서 어루만져 고쳐 주신다는 내용이다.

김진 선생의 책 <마음에도 길이 있다>는 정신분석학과 신
학을 토대로 하여 인간의 마음 길 탐구에 대해 자세히 안내
해 준다. 특히 어린 시절에 겪은 내면 속에 잠재한 억압의 문
제를 다룬다. 어린아이가 상처를 받으면 장성한 이후에도 마

음속에서 자아 방어기제가 어떻게 작동하게 되는지, 그 장치로 인하여 우리 삶이 얼마나 제한적이게 되는지를 알려준다. 이 책의 제목대로 마음에도 길이 있어 이 책의 도움을 받아 그 길을 가다 보면 우리 내면의 억압이 풀리고 자유를 맛보게 될 것이다.

고든 맥도날드의 책, <내면세계의 질서와 영적 성장>의 원제목은 <Ordering Your Private Life>다. 사람은 외모를 가꾸려는 노력과 별개로 내면을 방치하면 인생이 허약해진다. 우리 내면을 정돈하는 일을 하지 않고 방치하는 경우, 내면은 매우 무질서한 채로 있게 된다. 무질서한 내면을 가진 사람은 항상 언제나 어떤 특정 지점에서 넘어져 헤어나지 못하는 함몰 웅덩이 증상을 갖게 된다.

팀 라헤이의 책, <성령과 기질>은 히포크라테스의 분류법에 따라 인간의 선천적 기질을 크게 네 가지로 나눈다. 담즙질, 다혈질, 우울질, 점액질이다. 이 기질에는 각각 장점과 약점이 있는데, 약점은 자기 정신적, 영적 성숙을 가로막으며 타인과의 관계를 깨뜨리는 결과를 가져온다. 신자가 자기 기질의 약점을 성령님 앞에 가져가서 성령님의 통제를 받게 하여 스스로 훈육 과정을 거치면 그는 영적 성숙으로 도약하고, 자신과 이웃을 행복하게 하며 공동체를 세우게 된다.

2. 관계

◇ 정혜신, 〈당신이 옳다: 정혜신의 적정심리학〉, 해냄
◇ 헨리 클라우드, 존 타운센드, 〈No라고 말할 줄 아는 그리스도인〉,
　좋은씨앗
◇ 게리 채프먼, 〈5가지 사랑의 언어〉, 생명의말씀사
◇ 래리 크랩, 〈결혼 건축가: 커플들과 결혼 상담가들을 위한 청사진〉,
　두란노

　정혜신의 책, <당신이 옳다>는 공감의 원리와 노하우를 알려주는 책이다. 누군가와 건강한 관계를 맺는 법을 알고자 하면 이 책을 몇 번이고 숙독하면서 실제로 시행착오를 겪으며 공감을 익혀야 한다. 사람은 존재 자체를 수용 받고자 하는 엄청난 욕구를 가진다. 그 욕구가 좌절되면 존재가 부정되는 절망으로 가며, 그것은 자기 삶에 산소 부족 증상을 가져와 자기 소멸에 이른다. 자신의 존재와 감정을 있는 그대로 받아주면 그 사람은 숨을 쉬고 일어날 수 있다. 저자는 이것을 적정심리학이라 하는데 이것은 심리 전문가나 정신과 의사가 아니더라도 누구나 배울 수 있다고 말한다. 그의 감정을 알아주고 함께해 주는 일은 심리적 CPR, 즉 심폐 소생술이라고

말한다. 그런데 타인 공감보다 먼저 해야 할 것이 자기 공감이다. 셀프 케어의 핵심은 자기를 먼저 먹이고 그 에너지로 남을 먹이는 것이다. 정혜신 박사는 남을 다그치지 말아야 하는 원리로, 자기 자신도 다그치지 말아야 함을 역설한다.

헨리 크라우드, 존 타운센드의 책, <No라고 말할 줄 아는 그리스도인>의 원래 제목은 Boundaries다. 나라마다 국경이 있듯이 사람에게도 경계가 있다. 이 책은 자기 삶의 경계가 무너진 많은 이들에게 획기적인 도움을 준다. 내면이 단단하지 않은 사람은 자기 경계가 모호하여 누구나 쉽게 자기 삶에 침범하는 것을 미처 눈치를 채지 못하거나 내버려 둔다. 경계가 약하면 국경이 부실한 나라처럼 늘 침략을 당하고, 그 실제 삶은 허둥지둥 짜증이 솟구친다. 이 책을 셀프 케어의 교과서로 삼고 셀프 케어를 해보면 그 효과는 대단히 클 것이다. 바운더리를 확실히 세우는 것은 자신과 타인의 사이를 건강한 관계로 설정하는데 필수적이다.

게리 채프먼의 책, <5가지 사랑의 언어>는 내가 사랑하는 사람을 진정으로 사랑하려고 할 때 너무 좋은 안내서이다. 저자는 사람마다 자기의 감정을 표현하는 언어가 다르다고 말한다. 다섯 가지 언어는 칭찬해 주기, 함께해 주기, 선물 주기,

스킨십, 행동으로 도와주기 등이다. 사람은 누군가가 자신의 언어로 다가오면 가장 친밀감과 안정감을 느낀다. 그래서 자신이 상대를 사랑하려면 자신의 언어가 아니라 상대의 언어로 말해줘야 한다. 남녀가 사랑할 때, 친구끼리 우정을 나눌 때, 결혼한 부부가 서로를 알아갈 때, 공동체 안에서 상대의 필요를 채워 주려고 할 때, 다섯 가지 사랑의 언어를 배워 두면 멋지고 튼튼하며 친밀한 관계를 세워갈 수 있다.

래리 크랩의 책, <결혼 건축가>는 결혼을 앞둔 예비 부부에게 최고의 책이다. 결혼한 이후 갈등이 끊이지 않는 부부에게 회복을 선물해 준다. 그러므로 이 책은 그리스도인 남녀 두 사람이 결혼하여 친밀한 하나됨을 이루는 것을 하나의 건축물로 비유한다. 영적 연합, 정신적 연합, 육체적 연합, 세 파트로 되어 있는데, 가장 중요한 것은 두 사람이 각자 주님과 친밀한 공동체를 이루는 영적 연합이다. 인간에게 기본적인 욕구 두 가지는 중요감과 안전감이다. 내가 얼마나 소중한가 확인받고 싶고, 내 삶이 얼마나 안전한가를 누리고 싶다. 그런데 이에 앞서 주님과의 영적인 연합이 이루어진 사람만이 배우자와 정신적 연합, 하나됨을 세워갈 수 있다.

3. 여정

◊ 제럴드 싯처, 〈하나님의 뜻〉, 싯처 에디션

제럴드 싯처의 책, <하나님의 뜻>은 인생 여정에서 하나님의 뜻을 알고자 하는 이들에게 혜안을 제공한다. 인생에서 그분의 인도를 받으며 살아가고자 하는 성도들에게 엄청난 지혜와 총명과 분별력을 갖게 한다. 저자는 우리 인생의 미래를 알려주는 하나님의 뜻은 성경에 많이 등장하지 않는다는 사실과 하나님의 뜻은 오늘 여기 작은 일에 순종하는 것에 있다는 것을 알려준다. 이 책은 운명론이나 결정론적으로 하나님의 뜻을 찾으려는 시도의 헛됨을 일깨워 주고, 종교 생활에는 익숙하나 성경적 신앙생활에 진입하지 못한 이들에게 참된 인생 여정을 가이드해 준다.

4. 성숙

◊ M. 스캇 펙, 〈아직도 가야 할 길〉, 율리시즈
◊ M. 스캇 펙, 〈거짓의 사람들〉, 비전과리더십
◊ 레너드 맥컬리, 제람 바즈, 〈인간 하나님의 형상〉, IVP

M. 스캇 펙의 책, <아직도 가야 할 길>은 성숙을 향하여 발

걸음을 떼려는 이들에게 튼튼한 지팡이와 같을 것이다. 저자는 서문에서 영적 성숙과 정신적 성숙을 구분하지 않았다고 했는데, 좀더 디테일하게 풀어보자면 신자가 영적 성숙을 시도하려고 할 때 정신적 성숙이 담보되지 않으면 영적 성숙이 공허하다. 비신자의 경우, 영적 성숙이 되지 않겠지만 상당한 수준의 정신적 성숙을 이루어 낼 수 있다.

이 책은 네 가지 챕터로 되어 있다. 훈육, 사랑, 성장과 종교, 은총이다. 그 중 두 챕터, 훈육과 사랑은 필자가 가장 인상 깊게 읽은 부분이다. 놀랍게도 M. 스캇 펙이 <아직도 가야 할 길>을 저술할 당시 아직 크리스천이 아니었음에도 불구하고, 이 책의 내용은 신앙의 성숙이 무엇인지를 비종교적 용어로 어렵지 않고 익숙하게 풀어냈다.

M. 스캇 펙의 책, <거짓의 사람들>은 저자의 오랜 상담의 경험에서 여러 내담자들의 케이스를 적은 기록과 해석이다. 그는 정신과 전문의의 입장에서 매우 독특하게 악의 문제를 다룬다. 악은 악마의 것이라고 단언한다. 그래서 인간이 어느 정도 거짓됨과 사악함 속으로 추락할 수 있는지 실제의 경우를 들어 고발한다. 거짓의 사람들은 그런 점에서 악의 사람들이다. 성경은 죄를 지은 사람을 모두 악인이라 하지 않는다. 자기 죄를 부인하고 은폐하여 위선을 저지르는 이들을 가리켜

악인The Wicked이라고 부른다. 거짓의 사람들은 아직도 가야 할 길을 포기하고 방치한 사람들이다.

　레너드 맥컬리, 제람바즈의 공저, <인간 하나님의 형상>은 인간성의 소중함과 신앙적 차원의 중대한 의미를 깨우쳐 준다. 다른 말로 하면 휴머니티, 인간다움의 모습이 성경적으로 또 신앙적으로 얼마나 부합되는지를 알려준다. 1960년대 미국의 허무주의와 정신적 아노미 상태에서 성경적 진리의 소중함을 근거로, 여기에 참된 길이 있다! 여기 출구가 있다! 부르짖은 프란시스 쉐퍼의 라브리 운동이 있었다. 인간의 어떤 질문에도 성경에는 답이 있다는 주장을 하며 방황하는 미국과 유럽의 젊은이들에게 영적으로 안정감을 주었던 운동이 바로 라브리였다. 이 라브리의 주요 멤버들인 저자들은 하나님의 형상으로 창조된 인간의 존엄성과 자존감이 타락 이후 어느 정도 상실되었는가를 다룬다. 우리는 대부분 우리 타락한 옛사람의 부정적 모습으로 인하여 자기 부인self-denial을 얘기하지만 저자들은 성경적 근거를 통하여 자기 긍정self-affirmation을 알려준다.

여기까지 잘 오셨습니다.

이제 마음 길을 열어

그 문 너머 여러 갈래길 앞에

단단한 마음 근육으로

재난 영화의 주인공처럼

용기내어 나아가길 응원합니다.

✝
본문에 사용한 성경 구절은 기본적으로 표준새번역을, 일부는 개역개정을 인용한 것입니다.

재난 영화의 주인공처럼 —— 내면 위기의 출구 찾기

초판발행 2023년 10월 27일

지은이   배영진
발행인   윤성혜
책임편집   윤성혜
편집디자인 손진희
그림   박글로리

발행처   BJ BOOKS
주소   경기도 의왕시 신장승길 12
대표전화   070-4892-2033
이메일   wamissionjk@naver.com
홈페이지   www.blessingjapan.or.kr/
인쇄   시난기획

ISBN 979-11-971345-1-7

값 10,000원